龙虾
营销学 ②
龙虾归来

［加］比尔·毕晓普——著
（Bill Bishop）

龙雅莉 欧阳浩——译

RETURN
OF THE LOBSTER

中国科学技术出版社
·北　京·

RETURN OF THE LOBSTER by BILL BISHOP
Copyright © 2018 BY BILL BISHOP
This edition arranged with SEVENTH AVENUE LITERARY AGENCY
through BIG APPLE AGENCY, LABUAN, MALAYSIA.
Simplified Chinese edition copyright:
2022 China Science and Technology Press Co., Ltd.
All rights reserved.
北京市版权局著作权合同登记　图字：01-2022-3020。

图书在版编目（CIP）数据

龙虾营销学 .②，龙虾归来 /（加）比尔·毕晓普
（Bill Bishop）著；龙雅莉，欧阳浩译 . — 北京：中
国科学技术出版社，2022.11
　书名原文：Return of the Lobster
　ISBN 978-7-5046-9797-4

Ⅰ.①龙… Ⅱ.①比… ②龙… ③欧… Ⅲ.①市场营
销学 Ⅳ.① F713.50

中国版本图书馆 CIP 数据核字（2022）第 155255 号

策划编辑	王碧玉	
责任编辑	杜凡如	
版式设计	蚂蚁设计	
封面设计	仙境设计	
责任校对	邓雪梅	
责任印制	李晓霖	

出　　版	中国科学技术出版社	
发　　行	中国科学技术出版社有限公司发行部	
地　　址	北京市海淀区中关村南大街 16 号	
邮　　编	100081	
发行电话	010-62173865	
传　　真	010-62173081	
网　　址	http://www.cspbooks.com.cn	

开　　本	880mm×1230mm　1/32	
字　　数	108 千字	
印　　张	6.25	
版　　次	2022 年 11 月第 1 版	
印　　次	2022 年 11 月第 1 次印刷	
印　　刷	北京盛通印刷股份有限公司	
书　　号	ISBN 978-7-5046-9797-4/F·1043	
定　　价	59.00 元	

目录

- - - - - - - - - - - - -

第一章

龙虾归来

叮叮咚咚……

弹珠的声音渐渐变大，让人窒息，我想起这一切都源于那个从门下塞进来的红色信封。收到信时我有些惊讶，我已经有 10 年没收到过手写的信了。怀着既好奇又急切的心情，我打开信封，看了看那张手写的纸条：

一切都变了。

明日破晓时分在沙滩见面，你一个人来，不要告诉别人。不要带手机，这很危险。

祝一切顺利。

麦克（Mike）[1]

---

[1] 本书中的人物、公司等大多为作者虚构的，用括号标注出原文，仅供参考。——编者注

天哪，这是营销达人麦克啊！我已经有 15 年没有见过他了，也没听说过关于他的消息。《龙虾营销学①：如何卖龙虾》（*How To Sell A Lobster*，以下简称《如何卖龙虾》）这本书出版后，他像人间蒸发了一样。我还以为他死了。

要见到麦克了！我很激动，但我又想，这会不会是恶作剧。毕竟，好几百万人都读过《如何卖龙虾》。这本书还被译成 12 种语言，在 25 个国家出版。大家都知道我和麦克的关系很好，可能有人想伪装成麦克来欺骗我。但这封信的字迹明显就是麦克的，他的书写风格既华丽又新颖，透露出一种威严。见过他字迹的人都很少，能伪造的人就更少了。

那一夜我没睡好，梦见了跳舞的龙虾——一群龙虾排成一列在百老汇舞台上跳着恰恰。更奇怪的是，我还梦到了企鹅，它们排成一列站在龙虾餐厅门口。一个接一个奇怪的梦弄得我疲惫不堪，闹钟未响我就醒了，洗了把冷水脸，穿好衣服，直奔沙滩。

我十分庆幸能够住在沙滩社区。我家附近就是安大略湖绵延数公里的沙滩。黎明时，太阳在东方地平线上缓缓升起，那景色简直美极了。

昏暗的晨光下，我看见了一些早起的人。有的在湖边的木板路上慢跑，有的在遛狗，还看到有人在静静的湖面上划着船。在 SOLNET① 出现之前，沙滩上的人要比现在多十倍。

麦克在哪里？唯一的可能就是救生站附近的那个身影。他跪着，看起来像是在沉思。他穿了一件猩红色长袍和一条亚麻裤子。一只锈红色的小狗安静地坐在他身旁，凝视着湖水。我一开始以为他不是麦克，因为在我印象里，他总是西装革履，手提公文包。

为了能更清晰地看到他，我慢慢向前走了几步。那个跪着的人察觉到我的靠近，转过身来说："是我，比尔。"

我兴奋地喊出声来，"果真是你"，同时又困惑不已。这个和尚般的人难道就是传奇人物麦克？他站起身来，看起来要比我记忆中的高一点。他留着灰白的胡须，宽阔的脸上布满了晒黑的皱纹。他的身材非常健美，从头到脚，全是结实的肌肉。虽然外表发生了变化，但那闪亮的蓝眼睛告诉我，他不是别人，正是麦克。

"你没带手机吧？"他的话语中透露出担忧。

"没带，你叫我不带我就没带。不过为什么呢？"

"我们都有危险，比尔，"麦克严肃地说，"我不想他们追

---

① SOLNET是本书中由瓦波尔公司老板文斯·瓦波尔（Vince Vapour）所创建的一个虚拟现实平台。——译者注

踪到你的手机定位系统。"

"'他们'是谁？"

"我后面再解释。现在我们需要做的就是不要让人知道我们今天的见面。"

麦克脚下，一只小型吉娃娃犬跳来跳去。

"它是我最好的朋友佩波（Pepo），"麦克说道，"如果它能说话，它会有好多故事要讲。"

"很高兴认识你。"我一边说，一边弯下腰抚摸佩波。这只小狗用它粉红色的舌头舔了舔我，以示友好。

我站了起来，面对着麦克。我们互相打量了一会儿。"自从我们上次见面已过去15年了，我还以为你死了。"

"人们把我死了这一谣言说得天花乱坠，"麦克笑着说道，"《如何卖龙虾》出版后，我一直保持低调，但还是有好多人缠着我，非要让我说说销售技巧。维基解密公布我的真正身份后，我便躲了起来。最后，我隐居在缅甸北部丛林中的一座佛教寺院里。"

"所以你出家了？"

"虽然我学过东方哲学，但我不是和尚。这些衣服只是我的伪装。"

"如果你有危险的话，为什么不继续留在缅甸？为什么要回来呢？"

"一切都变了，我们都身陷危险之中，所以我必须得回来。"

"到底是什么危险？"

"说来话长，咱们在沙滩上坐下来，让我慢慢告诉你。"

麦克说的故事令人难以置信，让我既震惊又害怕。确实，一切都变了。我们都身陷极大的危险之中。不仅仅是我和麦克，还有整个世界。

麦克说道："现在你知道是什么危险了吧。"他的双手叠放在腿上，十分平静，"正因如此，我们需要做点什么。"

我问道："'我们'是什么意思？"一阵恐惧从我背后袭来。

"我安排这次见面的目的就是想让你帮我拯救世界。"

"为什么会选中我呢？"

"因为你卖出了 1400 只龙虾。除我之外，你是最深谙龙虾之道的人。"

"深谙龙虾之道与这件事有什么关系呢？"我不解地问。

"在过去 15 年里，我想了很多关于龙虾售卖的故事，"麦克说，"一天晚上，我坐在僧侣中，突然领悟。我意识到我们漏掉了龙虾之道中最重要的一点。"

"哪一点？"

"你在服务员售卖龙虾大赛中卖出了 1400 只龙虾，这是因为你改变了产品理念。你没有改变产品本身或者产品价格，而仅仅改变了理念。"

"我好像明白你的意思了。"

"我们再来回忆一下这个故事。你曾在一家牛排餐厅工作，餐厅举办了一场比赛，让服务员向顾客推销龙虾，买龙虾赠牛排。"

"没错，"我说道，"售卖龙虾最多的服务员能获得超级大奖，而售卖最少的人会被开除。"

"3 周过后，你只卖出了 4 只龙虾。"

"对，我当时是最后一名。"

"所以你想出了一个别出心裁的点子。"

"没错，我给顾客一个选择。他们可以只要牛排，也可以要'特色菜'——牛排加龙虾。"

"几乎所有人都选择了后者。"

"你说的没错。我当时卖了 1400 只龙虾，毫无悬念地赢得了比赛。"

"第二名当时只卖了 90 只。"

"真是太神奇了，"我边说边感慨，"那些日子都过去了。"

"我们从售卖龙虾大赛中学到不少道理,"麦克接着说,"我在寺院里花了好几年才领悟到其中的关键。"

"人们愿意花钱买理念,对吗?"

"不错,人们花钱买的是理念,而不是产品和服务。如果顾客不喜欢你产品或服务的理念,他们是不会花钱购买的。但是,如果他们喜欢你的理念,就愿意花钱购买。"

"所以重要的是产品的理念,而不是产品,对吗?"

"是的,如果你想卖得更多,你只需要不断去改变你的理念。"

"不过,为什么会这样呢?"

"嗯,拿龙虾来举例吧。龙虾确实有些内在价值,首先它是食物,如果你吃了它,起码你不会饿死;其次它的味道还不赖。但是,龙虾的大部分价值在于它所附带的理念。"

"那这在龙虾售卖大赛中又是如何体现的呢?"我疑惑地问道。

"一开始,你给龙虾赋予了一个不太好的理念。你问顾客是否愿意在牛排晚餐中多加一份龙虾。大多数顾客不愿意,因为他们不喜欢这个理念。"

"为什么呢?"

"因为你看起来像个急功近利的推销员。顾客觉得,你只在乎自己的利益，只想增加自己的销量，所以他们拒绝了你。"

"的确如此，我自己都觉得。这样的推销员令人厌烦。"

"但是当你给顾客提供'特色菜'时，他们脑海中便会浮现一种完全不同的理念。如果他们选择了牛排加龙虾，他们会感到自己也特别了起来。"

"而且这顿晚餐也会更加特别。"我补充道。

"没错。你改变了龙虾的理念，它的感知价值将会上升，销量也会因此增加。"

"那么，龙虾之道是什么呢？"

"如果你想提高销量、获得更大的成功，改变产品理念、服务理念、公司理念，可能是一个上乘之选。"

"我举双手赞成。"

"这也是我们身陷巨大危险的原因。"

"怎么又危险啦？"

"这个经验不仅能用在好的地方，也能用在坏的地方。你能给他人灌输好的理念，也能灌输坏的理念。"

"所以，这就是文斯·瓦波尔准备要做的事儿，"我严肃地说，"他想要给人们灌输坏的理念。"

"没错，极其卑鄙恶劣的理念。"

"你想让我帮你阻止他。"

"没错。"

"好，我加入。麦克，你让我干什么我就干什么。第一步怎么做？"

"明天我们要和创意行动小分队碰面。"

"创意行动小分队？"

"这是我组建的队伍，用来对付文斯·瓦波尔恶劣至极的理念。"

"队伍里面都有谁呀？"

"你已经见过其中一名成员了。"

"你吗？"

"不是，是佩波。"

"不是吧，那只吉娃娃啊。"我笑道。

"我没开玩笑，佩波很重要，它对创意嗅觉敏锐，只要它嗅到创意，便会发出特别的叫声，因此我叫它'创意犬'。"话音刚落，佩波做了个后空翻，发出一连串的吠叫声，并兴奋地舔来舔去。

"之后你会看到它对创意的直觉，"麦克说道，"每每谈到创意，直觉是很重要的。"

"我们下一次在哪里见面？"我问道。

"在 SOLNET 上。"

"在 SOLNET 上？这有点儿讽刺吧。"

"确实有点儿。"

"因为文斯·瓦波尔……"

"创建了 SOLNET。"

"改变了一切。"

"没错，一切……"

第二章

SOLNET 平台

"这确实有点儿讽刺,"麦克说道,"我们团队的第一次会议将在 SOLNET 这个文斯·瓦波尔创办的虚拟现实平台上举行。"

"不过,SOLNET 确实很棒。"我说道。

"但它也很可怕。"麦克反驳道。麦克简要回顾了一下 SOLNET 的惊人发展史以及它是如何改变世界的。

SOLNET 推出后,仅仅数月,就取代了互联网,淘汰了所有社交媒体以及搜索引擎网站。笔记本电脑、网站、电子邮件和短信都纷纷退役。如果把 SOLNET 比作星际飞船,互联网就好像马车。

你不再需要盯着电脑、平板电脑或智能手机的屏幕,戴上 SOLNET 的全脸头盔,穿戴上 SOLNET 的手套和鞋子,这些虚拟现实设备将让你体验到什么叫作真正的身临其境。你会进入一个虚拟世界，文斯的儿子道奇·瓦波尔（Dodge Vapour）吹嘘这一虚拟世界比真实世界更加无边无际。

没有谁能拒绝得了SOLNET。你的命运将不再受物质世界的束缚，而仅仅"受限于你自己的想象力"［这是一种营销比喻，由道奇的妹妹，即文斯的女儿提阿娜·瓦波尔（Tiara Vapour）提出］。在SOLNET上，你想去哪里就去哪里，想做什么就做什么，想变成谁就变成谁。

如今，SOLNET已经发展到第五代了，它几乎改变了一切。现在大多数聚会都能在SOLNET上实现，无须线下见面。孩子们在SOLNET里上学，青少年则在SOLNET的购物中心里逛街。每个人都在SOLNET里拥有自己的房子、衣服和身份。大多数人还在SOLNET工作，他们无须坐车到市中心的办公室，只需要登录自己的虚拟工位便可上班。SOLNET还有自己的货币［道奇币（Dodge Dollars）］、自己的政府［宾德尔斯邦政府（the Bindelsbung）］和自己的语言［瓦博语（WarbleSpeak）］。

SOLNET既带来了惊喜，也带来了忧愁。现实世界的人类活动急剧减少，几乎没什么人在现实世界中行动了，零售商店彻底消失，办公大楼空空如也，只有墓碑提醒着人们那过去的时代。人们在SOLNET外几乎没有朋友，家长大部分时间也都是在 SOLNET 上陪自己的孩子。此外，SOLNET 导致能源消耗飙升，气候也不断恶化，90% 的能源用来驱动遍布全球的大型 SOLNET 服务器。

SOLNET 的发展带来了最令人痛心的结果，那便是文斯·瓦波尔成为全球首富。他生性恶毒，但在 SOLNET 的世界里又无所不能，一旦有人表现出丝毫无礼、不合作或不结盟的倾向，他就会毫不犹豫地把对方删除。"他们不愿意与我结盟"，他一边删除他们的账号，一边咯咯大笑，将他们永远流放在现实世界的边缘。

麦克说，对于文斯·瓦波尔的崛起，他很自责，现在我也感同身受。《如何卖龙虾》出版时，瓦波尔曾是麦克的客户之一。那时，文斯·瓦波尔还叫作弗雷德·史密斯（Fred Smith）。

那个时候，弗雷德只是个普通人，他在内布拉斯加州（Nebraska）拥有一家小型肥料销售厂。他与青梅竹马的恋人奥布雷（Obrey）结了婚，育有两个孩子贝琪（Betsy）和波（Bo）。

弗雷德的公司专门销售肥料，主要是牛粪和羊粪。这是一项蒸蒸日上的产业，但是弗雷德有着更大的梦想。弗雷德从小就梦想成为世界首富，他从麦克教给他的龙虾之道中找到了成功的秘诀。

"他喜欢《如何卖龙虾》这本书，"麦克说道，"他沉迷于其中的所有概念——'特色菜'、第一会员陷阱、排长龙、五美元咖啡、三个盒子——弗雷德把这些概念都运用于其业务之中。"

不到一年，弗雷德的业务量翻了一番，接着又翻了两番。他开办了许多新的肥料厂，收购了懦弱的竞争对手。很快，弗雷德垄断了全球肥料市场，控制了 120 个国家的肥料供应与销售。每个人都意识到，弗雷德不仅掌控全球农民的命运，还控制国际粮食供应。

"但是，他还不满足于这种成功，"麦克表情愁苦，继续说道，"这仅仅只是开始，之后，他开始将目光投向好莱坞，坚信娱乐圈就是未来。他把名字改成了文斯·瓦波尔，之后的故事我们就都知道了，他写了一本书《满满的肥料：主宰世界的三个步骤》(*Full Of Fertilizer*：*How To Take Over The World in 3 Easy Steps*)。这本书飙升至《纽约时报》(*The New York Times*)畅销书榜首，还拍摄了一部真人秀——'瓦波尔家族正当红'(*The Vapour Family On Fire*)。该节目一炮而红，让文斯及其家人［文斯的妻子、女儿和儿子现在分别更名为贾斯敏（Jasmine）、提阿娜和道奇］成了全球名人。"

　　我们都知道这个著名家族的故事。有一次，贾斯敏和文斯一起徒步旅行，贾斯敏从悬崖上神秘坠落，不幸去世，为此我们都深感悲痛。提阿娜的品牌化妆品系列、她调制的"无感"（SenseLess）香水、她设计的"吊灯"头饰（Headlier），几乎人人皆知。她的弟弟道奇同样也不甘示弱，以 B 级电影①制片人的身份出名，最出名的两部电影是《我是肢解者》（*I Dismember*）和《大屠杀之明天》（*Carnage：The Next Day*）。但 SOLNET 的诞生还得得益于道奇涉足电子游戏领域。

　　"道奇让编码人员创建了虚拟现实版的《我是肢解者》。"麦克说道，面色越发难看，"这一虚拟刑讯室吸引了数百万用户，因此他萌生了这样的想法——把虚拟现实平台扩展到任何环境、任何活动中，就这样 SOLNET 诞生了。"

　　随着 SOLNET 的发展，体验逼真度越来越高，区分现实世界和 SOLNET 世界也越来越困难，现在区别已经消失了。道奇常说："SOLNET 比真实更真实。"

　　"全球 90% 的人口都注册了 SOLNET 账号，瓦波尔公司

---

①　拍摄时间短且预算低的影片，通常质感较差，题材多与恐怖、暴力、色情有关。——编者注

每月都能从每位用户身上净赚 10 美元，"麦克看起来难受得快要吐了，"那可是每月 700 亿美元的巨款啊！"

"有些人开始发声反对 SOLNET，"麦克补充道，"但是，'粉丝'的赞美淹没了这些抗议。SOLNET 是一场吞噬世界的海啸。"

不过，就算你鄙视 SOLNET，你还是逃不出它的手掌心。现在大多数商业活动都在 SOLNET 上的虚拟会议中进行。所有大公司在这一平台上都有商店、办公室和其他设施。"正因如此，我们团队的第一次会议也需要在 SOLNET 上举行，"麦克解释道，"其他任何形式的会议都会看起来很可疑。"

"那安全性怎么保证呢？"我问道，"文斯·瓦波尔会不会监视我们？"

"我们的会议将会使用 Recast 技术。"

"什么是 Recast 技术啊？"

"嗯，这是一种新型技术，它用虚假身份和虚构的故事来掩盖我们在 SOLNET 上的真实身份和活动。如果文斯·瓦波尔监视我们，他只会看到一些人在做其他的事情，而不会知道我们在干什么。"

"原来是这样，我希望能有用。"

"那我们明天 SOLNET 上见？"

"我一定准时到场。"我说道。虽然有些不安，但对于接下来的冒险之旅，我还是倍感兴奋。

第三章

道德控制芯片

躺在 SOLNET 舱中，我非常好奇麦克脑海里的任务是什么，计划又是什么。我还想了解这个创意行动小分队。他们是谁？为什么我们需要组建一个团队？一连串的疑问在我脑海里掠过，不过我对麦克充满信心。他从未让我失望过，我无条件信任他。

登录 SOLNET 后，我输入麦克给我的坐标：火星平台，k394 层，9 号房间。一瞬间，我便置身于一间明亮的会议室中，里面摆满了闪闪发光的银质和玻璃家具。麦克、佩波，还有三个我不认识的年轻人围坐在一张椭圆形桌子旁。

"欢迎来到虚拟火星，"麦克通过全息影像对我们说道，"佩波，向比尔问好。"

佩波高兴地叫唤着，在我虚拟的脸上舔了舔。

"现在，我将一一介绍咱们的团队成员。"麦克接着说道。

"第一位，奥拉（Ora），她情商极高。即便是在 SOLNET 上，她也能感受到你的情感和情绪。"

奥拉有一头乌黑的长发，身材健美，富有线条感，散发出如水般平静的气息。我猜她可能是印第安人。

"很高兴认识你，比尔。麦克早已把你的种种事迹告诉了我们。我小时候就读了你写的《如何卖龙虾》，这本书让我印象深刻，难以忘怀。"

"我也很高兴认识你。"我很确定奥拉觉察出了我的恐惧。

"比尔，不用紧张。"奥拉说道，眼神坚定，语气中透露出同情，"这项任务会顺利进行的，我们和你一样，都毫无保留地信任麦克。"

"第二位，布鲁（Blu），"麦克继续说道，"他是一位杰出的平面设计师。他不仅精通英语，同时还熟练掌握其他 5 种语言。"

"很高兴见到你。"我对布鲁说道。他和奥拉差不多，看起来 25 岁左右。他身高超过 1.8 米，有一头凌乱的土红色头发，给人一种放松、沉着、自信的感觉。

"最后一位，拉姆（RAM），它是一位智商为 12000 的第 5 代人工智能机器人。我在泰国的一次机器学习算法会议上遇见了拉姆，它可以编码任何东西。"

拉姆被设置为30出头的东印度人的模样。它留着短胡子，穿着简单的白色T恤、蓝色短裤和棕色凉鞋。"能和你在一个团队中，我太荣幸了。"它一边说着，一边双手合十，低头鞠躬。

"我也是。"我也边说边鞠躬。

然后，我们一同转身，面向麦克。"把你们聚集在一起有两个原因，"他说道，"第一，你们是最完美的销售团队。比尔喜欢创新；奥拉情商高，能了解客户内心的想法和感受；布鲁精通于用文字和图片沟通创意；拉姆能让我们在数字空间中实现我们的创意。创意、情商、沟通与技术都是当今市场所需的营销技能。"

"但我们团队也不能没有你，麦克，"我插嘴道，"你的经验和智慧是团队不可或缺的一部分。你知道无数应该避开的误区，也有一套行之有效的策略。"

"谢谢你的赞美。"麦克说道，非常谦虚。

"我们团队也不能没有佩波，"奥拉说道，"我们的小朋友真的很重要。"

"它能嗅出创意，"布鲁补充道，"这真的非常重要。"

佩波知道我们在谈论它，开始疯狂地摇着尾巴。

"你说有两个原因把我们聚集在一起，"拉姆问道，"第二个原因是什么？"

"我们要一起拯救世界，"麦克说道，声音极其严肃，"新年前夜，文斯·瓦波尔计划在 SOLNET 母机上安装道德控制芯片。"

"母机？母机是什么？"奥拉问道。

"SOLNET 母机就是他们所说的 SOLNET 中央处理器，"麦克解释道，"它控制着 SOLNET 世界的核心功能。"

"什么是道德控制芯片呢？"我问道。

"道德控制芯片能让文斯·瓦波尔控制 SOLNET 上每个人的道德感。这会让他们变成不择手段、贪婪无度、自私自利、不顾他人感受的人。"

"这听起来确实像文斯·瓦波尔能干出来的事儿。"奥拉惊呼道，用手捂住嘴。

"没错，他想让每个人都和他一样。他认为，在商业和生活中取得成功需要以自我为中心、将金钱和名誉放在首位。用瓦波尔的话来说，自我满足和个人野心是富裕的主要因素。"

"我曾读过他写的《满满的肥料》，"拉姆说道，"这本书中全是这样让人误入歧途的建议，我非常生气。不过文斯·瓦波尔实在是太成功了，所以还是有许许多多的人，包括我的一些机器人朋友，很喜欢这本书。"

"是的，这就是问题所在，"麦克说道，"文斯·瓦波尔不仅希望人们使用 SOLNET，他还想要控制人们的心灵与思想。如果他安装上道德控制芯片，贪婪、憎恨、妄想便会被无限放大。到时候就不妙了。"

虚拟会议室变得异常安静，我们都在思考麦克的话。我们想象着文斯·瓦波尔会创造出反乌托邦的噩梦。每个人都只为自己着想，财富的累积是衡量一个人价值的唯一标准，阴暗交易，弱肉强食。一连串似是而非的怪诞现象在我们的脑海中闪现。

"不过，事态也不一定这样发展下去，"麦克说道，"关键是文斯·瓦波尔植入芯片中的理念。它告诉人们，只考虑自己、只关注自己的目标才是成功的关键。"

"这不正是成功的关键吗？"布鲁问道，"这就是人们常常和我说的：设定宏大目标，然后努力实现它们。人生择山，奋力登顶。"

"没错，我们都听过这样的道理。"麦克说道，目不转睛地盯着布鲁，"但是一切都变了，世界变了，市场也变了。在旧市场行得通的法则，在新市场行不通了。"

"你说的新市场是什么呢？"布鲁问道。

"我稍后再详细介绍，现在，我只想说市场状况已经发生了根本性的改变。这就是比尔在他的《锤子营销学：如何卖锤子》（*The New Economy Thinker*）一书中所写的。"

"没错，"我补充道，"在那本书中，我解释了互联网和 SOLNET 如何形成了现在这种全球经济的新型基础设施。这种新的'生产方式'重塑了市场上行得通和行不通的法则。"

"正因如此，我们需要从改变原则做起，而非改变策略或工具，"麦克补充道，"还要了解为什么文斯·瓦波尔要将错误的理念植入人们的脑子里。"

"为什么它们是错误的理念呢？"拉姆问道。

"原因很多，最重要的一点是，它们打破了所有新的龙虾之道。"

"新的龙虾之道又是什么？"布鲁问道。

"我先卖个关子，"麦克神秘兮兮地说道，"你们将通过解决一系列商业和营销问题来学习新的龙虾之道。"

"你把这些道理直接告诉我们，岂不是更容易吗？"布鲁问道，声音中满是恼火。

"不，你们根据自己的经验而得出来的见解将更加深刻。"

"学了这些道理后，有什么实际用处吗？"我问道。

"我们的任务是潜入瓦波尔公司的总部，接触到 SOLNET 母机，抹去文斯·瓦波尔植入道德控制芯片的代码。然后，我们将更加符合伦理道德的龙虾之道传到母机上，并扩散到 SOLNET 用户的脑海中去。"

"这听起来太简单了吧。"奥拉讽刺地说道。

"还有一件事儿。"

"什么事儿？"

"在龙虾之道上传并扩散之后，我们要杀死母机，摧毁 SOLNET。"

"什么？你想要我们杀死母机？"奥拉惊恐地问道。

"对，那只不过是一台电脑。如果我们想拯救世界，就必须拔掉 SOLNET 的插头。"

"行吧，让我们考虑一下，"布鲁说道，"就算我们接受了此项任务，我们到底要怎样才能进入瓦波尔公司总部？它可是一座加固金字塔，周围是一群激光无人机和军用机器人。我不知道我们要怎么才能进去完成任务。"

"我们将使用新的龙虾之道。"麦克说道。

"没开玩笑吧？"我问道。

"当然没有，我们将用新的龙虾之道把世界从 SOLNET 中、从文斯·瓦波尔的手中、从他那糟糕透顶的主意中拯救出来。"

"你能再说说，我们要如何学习这些新的龙虾之道吗？"奥拉问道。

"通过解决一系列的营销问题。当我们完成任务时，你们便能解决任何营销问题，甚至能摧毁我们的头号竞争对手文斯·瓦波尔。"

"听起来我们要学很多东西，"我说道，"但还是很有趣。"

"确实如此。这些新的龙虾之道不仅能用在工作上，还能用在生活里。"

"我们要解决的第一个营销问题是什么？"布鲁一边问道，一边卷起自己的袖子。

"我们要帮助一家名为'太阳伞'（Sunny Day Umbrellas）的公司，让其业务增长十倍。"

"我们怎么才能实现这一目标呢？"奥拉问道。

"我们要教他们停止挖沟，开始建造自己的城堡。"

"这听起来像是另一个经典的麦克故事。"我说道。

就在这时，佩波在空中翻了个筋斗，兴高采烈地落在麦克的大腿上。

"好，那就让我们开始吧。"麦克说道。

城堡建筑师

"他已经困于沟渠之中,"麦克强调,"他本应该去建造城堡,可现在却在努力挖沟。"

麦克所说的"他"正是我们的新客户雷尼尔·冯·灵布斯(Rainier Von Nimbus),也是太阳伞公司的老板。

奥拉、布鲁、拉姆和我前一天见过冯·灵布斯,他告诉我们,他的生意正经历艰难时期,受到海外竞争的冲击,廉价雨伞充斥着整个市场。"雨伞行业已经饱和,"冯·灵布斯痛苦地说道,"我们正在寻找新的方案来应对这次冲击。"

"他们需要停止挖沟,开始建造城堡。"麦克重复道。

"什么意思?"布鲁问道。

"他想给我们讲一个经典的麦克故事,"我解释道,"他有成百上千个这样的故事,之后你会明白的。"

"好吧,那城堡故事是什么呢?"

"从前，有两个挖沟匠，他们在山的一侧挖沟。他们自12 岁那年便一起挖沟，一直挖到 20 多岁，两人已经是多年的好友了。"

"12 岁？"奥拉惊呼道，"那可是童工！"

"没错！故事发生在中世纪骑士时期，那时候有很多童工。"

"我明白了。"奥拉说道，坐了下来。

"他们要为国王和王后建造一座新城堡。他们两人身体强壮又吃苦耐劳，但在一个关键点上完全不同。"

"哪个关键点？"拉姆问道。

"我马上就会讲到，"麦克说道，"城堡不仅没按计划完成，还超出预算。国王和王后非常担忧，因为他们希望城堡能及时竣工，当作女儿的嫁妆，她马上要嫁给帅气的王子了。"

"故事里怎么总有帅气的王子啊。"奥拉翻了个白眼说道。

麦克继续说道："由于成本超支和工期延误，国王和王后决定亲自去工地看看到底怎么回事。他们到达时，首先看到的便是那两个在炎热正午阳光下劳作的挖沟匠。

"国王走下马车，向那两个人走去。看到威严的国王，他们非常惊讶。国王问这两人：'你们的工作是什么？'

"第一位挖沟匠摘下他的帽子，鞠躬说道：'尊敬的国王陛下，我是一名挖沟匠，也是王国里最好的挖沟匠。''着实不错。'国王回答道。'那你呢？'国王转身问第二位挖沟匠。'我在帮您建造城堡，'第二位挖沟匠说道，'我有很多想法来帮您更快、更好、更省钱地建造城堡。'

"国王对他的话非常感兴趣，马上命令第二位挖沟匠爬出沟渠。'告诉我们你的想法，'王后说道，'我们很想听听你要说些什么。'

"第二位挖沟匠说出了他在山脚挖沟时的想法。'这些想法太棒了。'国王和王后一同说道。他们立即聘请他来监督城堡的建设。

"最终，城堡在预算范围内按时竣工。国王和王后非常感谢第二位挖沟匠，邀请他作为贵宾参加婚礼。

"'如果没有他，这场婚礼便无法举行。'王后一边说道，一边将他介绍给其他出席的王公贵族。

"国王和王后给予了他充分的肯定，第二位挖沟匠现在已是一位城堡建筑师了，还为别的国家的国王和王后建造城堡。接下来的30多年里，他建造了数十座城堡。后来，他变得非常富有，给自己也建造了一座城堡。"

"这真是个不错的故事，不过它和太阳伞公司有什么关系呢？"布鲁问道，语气有些不耐烦。

"别着急，我会讲到的。"麦克说道，举了举左手，"有一天，这位城堡建筑师乘坐他的豪华四轮马车进了城，突然发现他的老朋友在一条沟渠中，辛苦劳作。虽然他看起来老了许多，背也驼了，粗糙的脸上带着疲惫、憔悴的神情，但他还是认出了他。"

"听起来有些让人难受，"奥拉说道，"一个坐在马车里，一个却在沟渠里。"

"这确实很可悲，"麦克说道，"更可悲的是，这位城堡建筑师还能听到他的老朋友告诉他的同伴：'我是王国中最好的挖沟匠。'"

"这个故事的寓意是什么呢？"我问道。

"冯·灵布斯的事业也遇到了同样的问题，"布鲁插话道，看起来非常兴奋，"因为他的脑子里只有伞，所以他被困在沟渠中了。"

"确实如此，他没有注意到大局，"拉姆补充道，"他只是想销售世界上最好的雨伞。"

"在当今这个时代，这远远不够。"布鲁补充道。

"看来你们真的明白了，"麦克自豪地说道，"不过，更难的问题出现了。如果冯·灵布斯想要成为城堡建筑师，他应该怎么做？"

这一问题顿时让我们哑口无言。我们都默默地思考着这一难题。不一会儿，布鲁说道："我认为，他应该要思考雨伞之外的问题。也就是说，他应该**像城堡建筑师那样去考虑客户想要实现的总体目标**。"

"这样啊，我明白了，"奥拉说道，"城堡建筑师明白，总体目标是建造城堡。他所思所想的都是怎么来实现建筑城堡这一目标。"

"不仅如此，"拉姆补充道，"更大的目标是为皇室婚礼的如期举行建造城堡。"

"那么，冯·灵布斯和他的员工真正应该帮助他们的客户实现的目标是什么呢？"麦克问道。

"嗯，是关于下雨，"我说，"他们应该尽力帮助客户在雨中保持干爽。也许，他们能做更多的事情来帮助客户实现这一目标，比如推出雨衣之类的。"

"视野再开阔些，"麦克鼓励我们说道，"格局再打开一点儿。"

"不要局限于下雨，"奥拉说，"人们买伞也用来遮挡太阳。毕竟，他们公司的名字叫'太阳伞'。"

"没错，"我说，"所以，不论是在暴雨中，还是在烈日下，帮助客户抵御恶劣天气，这才是最终目标。"

"再想想，视野还要再打开些。"麦克说道，嘴角露出微笑。

"是要帮助人们应对各种天气情况。"布鲁说道。

"我有个点子，"我说道，"我非常清楚他们应该怎么做了。"

这时，一直在角落里打盹儿的佩波突然跳了起来，兴奋地大叫。

"这一定是个绝妙的点子，"麦克说道，"佩波能判断出来。"

第二天，创意行动小分队在 SOLNET 的伞形建筑中与冯·灵布斯见面了。布鲁给冯·灵布斯讲述了城堡建筑师的故事。"你卡在沟渠里啦。"布鲁总结道。

"没错，"冯·灵布斯说道，"我们太过于专注雨伞，只想着怎么样卖雨伞，没怎么考虑客户想要什么或者需要什么。"

根据我们的建议，冯·灵布斯及其团队成立了一个新的部门——自然气候保护局。它的职责是提供多种方式，让客户免受自然气候的伤害。

"这简直太棒了，"几周后，冯·灵布斯和我们说道，"我们像城堡建筑师那样思考问题，产生了许许多多新的想法。

我们打算开发一款软件，为客户提供所在位置的天气信息。

"我们与一家保险公司合作，为客户提供'大自然母亲保护您'的保险服务。我们还打算帮助客户对他们的房屋进行防洪处理，为他们预测地震、防止霜冻灾害和莱姆病[①]。"

"想法颇丰啊。"我赞叹道。

"是的，不过，我们不一定都要去做。像城堡建筑师那样思考问题所带来的最大好处是，它让你充满活力、视野开阔，能看到以前看不见的机遇。"

"通过看到总体目标，我们组建了一个更庞大的雨伞组织。"冯·灵布斯愉快地说道。

后来，我们和麦克讨论了冯·灵布斯和建筑城堡的事情。

"他非常开心，"奥拉说道，"我能感受到他内心的兴奋与宽慰。他从精神紧张中解脱出来了。"

"你的观察非常敏锐，奥拉，"麦克说道，"他能够像城堡建筑师那样思考问题，现在能看到以前看不到的机遇。"

"他不再把所有的精力放在成为最好的挖沟匠上了，"布

[①] 莱姆病是一种以蜱为媒介的螺旋体感染性疾病，是由伯氏疏螺旋体所致的自然疫源性疾病。该病与职业关系密切，野外工作者、林业工人感染率较高。——译者注

鲁补充道,"成为城堡建筑师的潜在回报要远远超过成为挖沟匠的潜在回报。"

"你们所有人都真正明白城堡建筑师故事中的道理了,"麦克说道,"这个道理非常重要,它不仅适用像冯·灵布斯这样的客户,同样还适用于整个世界。"

"为什么?"拉姆问道。

"因为,如果想要击败文斯·瓦波尔,我们就需要像城堡建筑师那样去思考问题,而不是像挖沟匠那样思考问题。"

"和我们多说点儿吧。"我急切地说道。

"不急,"麦克含糊地说道,"我之后会告诉你们的。现在我们还有很多其他东西要学,这也非常重要。"

话音刚落,麦克和佩波的全息影像就消失了,只剩下摸不着头脑的我们。

第五章

红色按钮

麦克教会我最重要的一件事情是价值的定义。

麦克曾多次和我说："我们所认为的价值是产品或服务固有的东西。但实际上，价值存在于客户的脑海之中。客户在脑海中构建了价值的概念，并据此来做出购买决定。有一点需要明确，这并不意味着我们处于被动状态。销售人员的任务是积极地把正确的价值概念置于客户的脑海之中。"

这一概念与我们的下个任务息息相关，这一任务是关于斯巴克和斯班清洁公司（The Sparkle & Span Cleaning Company）的老板泰伦·斯巴克（Tyron Sparkle）和苏西·斯班（Suzie Span）的。他们对价值准则有点儿拎不清，这让他们的事业名声一直不好。

"我们曾横扫市场，"苏西和我们说道，"但是现在我们的主要竞争对手——扎祖姆清洁公司（Zazoom Cleaners）——却用下三烂的手段抢占市场。"

"他们做什么啦？"布鲁问道。

"他们说，他们的清洁工作比我们做得好，"泰伦愤怒地回答道，"但我们干活比他们更卖力。他们打扫一间房子只花3个小时，而我们要花6个小时。我们花的时间更久，打扫得更加干净，这是不争的事实。"

"真是这样吗？"拉姆半信半疑。

"当然啦，"苏西坚定地说道，"我们工作的时间更长，打扫得更卖力，房子当然更干净一些。"

"扎祖姆的员工其实很懒。"泰伦补充道。

"问题出在哪儿？"我问道。

"客户似乎不太在意我们工作得努不努力，"苏西说道，"扎祖姆公司的收费更低，我们很多客户都跑到那儿去了。但他们收费低是因为他们工作的时间少呀。我们需要一个办法把客户拉回来。我们要让客户知道我们工作更努力、时间更长、效果更好。"

那天晚些时候，我们和麦克还有佩波在 SOLNET 上召开会议，讨论泰伦和苏西的窘境。在开会之前，我问了麦克一个困扰我许久的问题。

"佩波是怎么出现在SOLNET上的，"我不经意地问道，"它只是只狗呀。"

"道奇·瓦波尔创造了SOLNET宠物衣，可以穿戴在我们的狗、猫、雪貂等宠物身上，因此我们可以将宠物带到SOLNET里来。"

"他们考虑得可真周到，"奥拉说道，看起来有些焦躁不安，"他们接下来会想什么？"

"他们会有所行动，"麦克马上说道，"现在，人们可以上传已故亲人的数据到SOLNET上，然后就可以在SOLNET上和已故亲人的虚拟影像共度一段时光。"

"看来SOLNET真的在掌控这个世界。"奥拉愤愤地说道。

"没错，但我们会解决这个问题的。"麦克继续说道，"好了，让我们回到清洁公司这件事儿上来吧。"

"嗯，斯巴克和斯班公司，"布鲁说道，"你觉得他们应该怎么做？他们的竞争对手通过售卖廉价的服务让他们事业严重受挫。"

"他们需要建立一个红色按钮。"麦克果断地说道。

"什么是红色按钮？"奥拉困惑不已。

"苏西和泰伦认为，他们提供的价值是用努力来定义的，但是他们的客户并不关心他们努不努力。"

"为什么不关心呢？"布鲁问道，"我倒是觉得努力是成功的关键。"

"努力固然重要，"麦克说道，"但是客户更注重的是结果。"

"不是只有努力才能得到结果吗？"我问。

"不一定，这只是一种策略，但另一种策略才能够建立起红色按钮。"

"什么是红色按钮？"我们齐声问道，声音中充满疑惑。

"是这样的：如果你只需按下红色按钮即可完成一项 100 个小时才能完成的工作，甚至更快，那么你的客户就会付给你相当于你工作了 100 个小时的钱。他们不在乎你工作有多努力，他们只在乎结果。说实话，由于按下红色按钮的速度更快，客户还有可能给你更多的钱。"

"你的意思是，这与工作时间长短和工作努力程度没什么关系？"奥拉问道。

"确实如此。我们以前一直认为，努力是成功的唯一途径，却忘记了创造力和创新的重要性。我们工作太努力，都没有时间来建立自己的红色按钮。"

"你可以再说详细一点儿吗？"拉姆问道。

"这只是让我们身陷困境的错误假设之一。我们往往相信这样一个等式：努力＝价值。这也就是第一位挖沟匠会身陷沟渠的原因。他只会埋头苦干，而第二位挖沟匠却会考虑红色按钮。"

"你是在说自动化吗？"布鲁问道。

"不全是，自动化只是其中一种，红色按钮可以是任何更快、更容易、更省钱的东西。"

"在我看来，红色按钮会让人们失业，"布鲁愤愤不平地说道，"许多人都因红色按钮而失去了工作。"

"的确如此，这是一个严重的问题。但我要说的是，如果人们只知道努力工作，而不去想更好的解决办法，他们也会失去工作。我希望每个人都发明一个红色按钮，这样他们就不必在工厂或者沟渠里工作了。嗯……你想在沟渠里工作吗？"

"当然不想啦。"布鲁反驳道。

"所以，我们无须花太多时间去思考如何保留挖沟这种工作，而是要思考如何帮助人们开发红色按钮。"

"他们要怎么做呢？"奥拉问道。

"我说过，他们陷入了'努力 = 价值'这一等式中，现在他们需要用新的等式——'**更好的结果 = 价值**'。"

"红色按钮，"拉姆满怀欣喜地说道，"我懂了，我们需要帮助人们开发红色按钮，阻止他们继续挖沟。"

　　"红色按钮这一概念让我想起多年前我干的一份工作，"我说道，"那时，我是加拿大西部班夫温泉酒店的洗碗工，这份工作又脏又累，轮班时间长达 10 小时，而薪资却少得可怜。但是，由于我可以在那儿滑雪，我还是干了下去。

　　"有一天晚上，机会悄然来临。清洁烤箱的员工，因为喝酒的缘故，被开除了。我自愿接替了他的工作。所有人都非常惊讶，他们都觉得清洁烤箱这份工作吃力不讨好，而且还得凌晨上班。

　　"但我有个计划。前一位员工做得不好，我相信我一定能干得比他更好、更快。我在酒店的地下室里找到了一些清洁机，看了一下使用手册，搞清楚怎么使用这些机器。我还想出了一个高效的分步流程。借助这些设备和我想出的流程，我能够在两小时内完成这些工作。我晚上 11 点上班，凌晨 1 点就能下班。我的老板早上 8 点到时，看到一尘不染的厨房，非常高兴。与此同时，我也很开心，我能够在凌晨 1 点下班，睡一整夜，然后再去滑雪场滑一整天雪。而且，我只工作两小时，却能得到 8 个小时的工资。"

　　"他们最后发现了吗？"奥拉问道。

　　"一个月后，我的老板发现了我干的事儿，责备了我。不过，我和他说这没什么大不了，我比前一个人干得好多了。最终，他认可了我：结果远比工作的时长和努力程度更重要。"

"比尔，你这个故事太棒了，"麦克说道，"这就是我想要说的。你创造红色按钮来清洁酒店里的烤箱，这让你的时薪提高了 3 倍。"

"所以，现在我们要将红色按钮策略运用到斯巴克和斯班公司中去。"麦克说道。接下来的两个小时，我们集思广益，商讨对策。

一周后，我们在斯巴克和斯班公司 SOLNET 总部与泰伦和苏西见面。我们说道："你们太过于在意自己的努力程度了，你们觉得这是为客户提供的最重要的价值。但事实上，**努力工作根本不是价值核心所在。真正的价值在于你为客户谋取更好的结果。**如果你能在短时间内创造更好的结果，你的客户就会非常高兴。"

"那我们应该怎么做呢？"苏西问道。

"想一想你的客户想要一个什么样的结果。"我建议道。

"他们想要一个干净的房子。"泰伦抢答。

"没错，那么你们怎样才能给他们一个干净的房子呢？甚至是用更少的时间给他们一个更干净的房子。"

"要不雇用我们的竞争对手扎祖姆吧。"苏西打趣地说道。泰伦生气地瞪了他一眼。

"这也不失为一种策略，"麦克说道，"不过这只是我们的备选方案。"

"我们可以从改进流程开始，"泰伦说道，"我们可以使用人工智能为每间房子制订最有效的工作程序。人工智能会告诉清洁工什么时候做什么事情。"

"非常不错！还有其他主意吗？"

"我们还可以让好几个清洁机器人同时打扫。"

"挺好，还有吗？"

"我们还可以在他们的家具和地毯上铺上防污罩，这样需要清洁的东西就少了。"苏西说道，"我们还可以安装自动清洁系统，这样即使我们不在那儿也可以清洁房间，不过这属于会员服务。"

"我们还可以教会客户如何清理自己的房间。"泰伦说道。

"这些主意都很棒，"麦克说道，"看看佩波跳上跳下的样子，它特别兴奋。"

"是的，最重要的是，你让我们自由地去想。"苏西说道，"这些想法我们并不会一一去实施，但我们现在已经学会思考如何用更少的力气来赚更多的钱了。我们现在有信心用更少的时间获得更好的结果。"

"对！"泰伦补充道，"我们曾满脑子都是努力工作，而不是创新，所以没有尝试去想过红色按钮。用更少的时间赚取更多的钱似乎是不道德的，但现在我们明白，这实际上是一种美德。这的确不可思议。"

"这就是我一直所说的，"麦克重申道，"成功始于改变，如果我们一味蛮干而不知创新，就会陷入困境。"

接下来的12个月里，斯巴克和斯班公司使用红色按钮策略重获清洁行业的领头地位。他们不再诉说自己有多么努力，而是强调自己如何能在更短的时间内取得更好的结果。

我们和麦克讨论红色按钮概念时，都惊讶于强烈的职业道德感竟然会与我们作对。

"现在这个市场早已不像以前那样重视劳动力了。"麦克表达了自己的观点，"现在这个市场重视结果。没有人关心你在工作中付出了多少努力，他们只关心从结果中能看到什么样的价值。"

"我还是不信，"布鲁固执地说道，"我还是觉得努力工作很重要。"

"确实重要，但是你想想这些人，他们创造了价值数十亿的 SOLNET 产业。他们比你更努力吗？是辛勤劳作才让他们成为亿万富翁的吗？显然不是，是创造力。他们不再埋头苦干，而是着手创造。他们并没有在沟渠中挥汗如雨，而是度过了一个有趣的假期，并在此期间产生了灵感。当今市场上，新的财富源泉是创意，而不是苦力。"

"红色按钮，"我说道，我终于明白了麦克想要表达的意思，"我们需要花更多的时间来开发红色按钮。"

"还有另外一种方式来看待红色按钮，"麦克补充道，"将你的'价值'词性从动词变为形容词。比如，将'打扫'转变为'干净的'；将'点亮'转变为'明亮的'。当你把价值词性变为形容词时，你便**将自己从苦力中抽离出来，转向以结果为导向的视角。**"

"我懂了，"布鲁说道，"使用这种方法，你就不会因为过于关注自己所做的事情（动词）而忽略了客户想要达到的结果（形容词），这将帮助我们开发红色按钮。"

"我再说一次，这将有助于我们击败文斯·瓦波尔，"麦克总结道，"要想打入瓦波尔公司总部，我们需要一个绝佳的红色按钮。"

第六章

乔律师

"我不知道如何发展这家律师事务所，"乔（Joe）律师哀叹道，"我们制订的所有营销策略，都没什么效果。"

我们坐在乔律师宽敞的 SOLNET 办公室内。乔律师用最优雅、最昂贵的虚拟家具、绘画和风景来装饰自己的虚拟律师事务所，他可真舍得花钱。乔律师看起来是位优雅的男士。他脸型偏长，双眼闪烁着聪慧的光。不管乔律师在现实生活中是什么样子，他在 SOLNET 上看起来俨然是一位典型的律师。

麦克丝毫不在意这富丽堂皇的办公室，他的注意力全集中在乔律师身上，他问道："你试过哪些不成功的营销策略？"

乔律师回答道：这 6 个月来，不论是在真实世界还是虚拟世界他都登门推销。他还打过无数推销电话，发过许多邮件。这还不够，他还花了一笔道奇币在 SOLNET 商业零售中心的瓦波尔广场上投放全息广告。

"我拜访了 500 来户，却只收获了两个客户——一位通灵人士和一位虚拟遛狗人士。这两个都不是我想要的客户。"

奥拉能看出来乔律师对自己的失败感到难为情。"这没什么大不了的，"奥拉安慰道，"你这种情况并不少见。"

"没错，"布鲁补充道，"当今这个时代，很多人都和你有同样的遭遇。"

"你都和那些潜在客户说些什么呢？"我问乔律师。

"我先自我介绍，然后，我告诉他们我在当地有一家律师事务所，如果他们需要任何法律援助，可以给我打电话。"

"他们都作何回答呢？"拉姆问道。

"他们都没说什么。"

"什么都没说吗？"

"除了那位通灵人士和虚拟遛狗人士，再没有别人了。有些人甚至门都不开，还有的人非常生气，直接'砰'的一声关上门。"

"每个人都这么不友好吗？"奥拉问道。

"这倒也不是。有些人还是礼貌地听我讲完，还说他们会给我打电话的，不过我至今也没接到他们的回电。"

"麦克，你觉得是哪个环节出问题了？"布鲁问道。

麦克一言不发，陷入沉思。不一会儿，他说："乔律师，给我们两天时间，我们会给你答复的。"

之后，我们聚在一块，讨论乔律师的事业和他那没什么效果的营销策略。

"他看起来好沮丧。"拉姆说道。

"确实如此，"奥拉附和道，"他感到极度沮丧，甚至要放弃了。"

"麦克，问题出在哪儿呢？"我问道，"为什么他的营销策略都失败了呢？"

麦克说道："想要做好营销，就要从客户的角度来看问题。乔律师觉得自己正在创业，所以登门推销是正确做法，但是他客户的看法却与他大相径庭。"

"哪里不同？"我问道。

"当有人敲你家门的时候，你怎么想？"

"我觉得，他们要么是强盗，要么是推销员。"我说道。

"有些人无法区别强盗和推销员。"布鲁打趣地说道，奥拉恼怒地瞪了他一眼。

"你觉得推销员就是强盗啰？"奥拉生气地问道。

"不，不，"布鲁反驳道，"我只是不喜欢有人敲我家门，特别是我正忙着做饭或者干活的时候。"

"为什么不喜欢呢？"

"因为他们只想给我推销商品而已。"

"这又有什么错呢？"

"这让人非常恼火。我不想和推销员在那些我不需要的东西上浪费口舌。"

"这就是关键所在，"麦克插话道，"当今这个时代，不论是当面、打电话，还是在 SOLNET 上，大多数人都不想与推销员说话。如果可以的话，他们甚至都不想看广告。在这个时代，人们可以在 SOLNET 上搜索任何想要的东西，他们觉得自己不需要推销员。"

"但是，他们真的不需要推销员来帮他们选择合适的产品或者服务吗？"奥拉问道。

"当然需要啦，需要的时候还不少。但当推销员打电话或者敲门时，人们却会拒绝他。不是他们不需要推销员，而是他们不喜欢推销这件事儿。"

"这可真是件伤心事儿。"奥拉说道。

"伤心归伤心，事实是事实。想要成为一名优秀的销售人员，就必须直面这一事实。你对世界的期待并不会帮你做出好的营销策略。你必须清楚客观地看待事物，不带任何个人偏好或动机。"

"乔律师之所以没有成功，是因为他表现得太像个推销员了，对吗？"奥拉问道。

"这只是问题的一部分，实际上，乔律师的情况比这更糟糕。"

"怎么个糟糕法？"

"乔律师是一位职业律师，却像推销员那样行事。"

"这又有什么问题呢？"

"人们不能同时既把他当作推销员，又当作律师。他们只能看到其中一种角色。"

"所以，如果乔律师表现得像个推销员，人们便不会把他当作一位律师？"

"说得没错。所以乔律师挨家挨户敲门这一举动有损他的形象。"

"但是，我们不应该赞扬乔律师这种积极进取的态度吗？他想要宣传自己的事业。"

"这当然值得表扬。但是，他的行动对他不利。特别是登门推销尤为伤害他的形象。"

"为什么？"

"如果乔律师敲你家的门，你会做何感想？你会觉得他是位好律师吗？"

"不会，"布鲁说道，"我只会觉得他没有客户，又迫切地想要赚钱。他不是位好律师。"

"没错，"奥拉接着说道，"乔律师登门推销，给人们留下了专业不精、客户不多的印象，这与他想要留下的印象完全相反。"

"天哪，"布鲁惊呼道，"你说得太对了。"

"正因如此，你需要从客户的角度来看待事情。这样我们才能发现问题的关键。"

"那么，乔律师应该要怎么做呢？"拉姆问道。

"他应该遵循'**教授 – 指导 – 销售**'原则。"麦克说道。

"具体怎么做？"我问道。

"首先，乔律师需要停止登门推销，专家是不会自己去推销的。其次，他需要把自己塑造成有很多客户的样子。他所做的一切不能露出推销的痕迹。想要做到这些，他应该从教授客户知识开始。"

"如果乔律师这么做的话，那岂不是没人需要他的服务啦？客户自己都能打官司了。"布鲁说道。

"乍一看，好像是这样，但事实恰恰相反。当你把知道的一切都教给客户时，会有两件好事发生。第一件事，你的客户会发现你确实是一个专家，他们能看出你确实懂得很多专业知识。"

"第二件事是什么呢？"拉姆问道。

"你教的东西越多，人们越能意识到自己需要你的帮助。"

"这是为什么啊？"

"因为他们会慢慢明白，这个学科远比他们想象的要复杂得多。"

"所以，他们了解得越多，就越明白自己没法做。"布鲁说道。

"你终于明白了。"

"我有过房屋翻修的经历。"我说道，同时想起了翻修地下室的那段时光，"我在一天内做了很多事情，所以我觉得我能应付过来。但是后来我读了一本关于房屋翻修的书籍，很快就不这么想了。我意识到这项工程远远超出我的能力范围，比我想象的要复杂得多，因此我决定还是雇用承包公司来帮我翻修地下室。"

"真是个不错的案例，"麦克说道，"正因如此，我建议人们把他们所知道的一切都教给客户，不要有所保留。"

"我觉得还是要有所保留。"奥拉说道。

"第一，如果你有所保留，没有人会知道你是个专家。第二，你在分享知识的同时，也能增加自己的知识。"

"这又是怎么回事？"拉姆问道。

"当你逻辑清晰地表达你的知识、想法和见解时，你会获得更多的知识、想法和见解。你的大脑会开始建立起新的联系。你将学会传达自己观念的新方式，与此同时，你也将从与他人的交流之中获得新的想法。"

"分享增进知识，"拉姆说道，"这是机器人云联盟（Robot Cloud Alliance）的关键原则。我们与他人分享我们学到的一切，这也能成倍地增加我们的知识。"

"那'指导'又是怎么一回事儿呢？"我问道，"你刚说第二步就是'指导'。"

"教授完知识后，你要指导客户制订计划来实践他们学到的知识。"

"你为什么把这一步称为'指导'呢？"

"就像教练一样，你需要问客户一连串问题，帮助他们思考自己的处境以及如何改善自己的处境。比如你可以问：'你的目标是什么？是什么阻止了你实现这些目标？你需要采取哪些关键行动？你需要什么新资源？'"

"这比传统的销售方式好在哪里呢？"布鲁问道。

"如果客户自己制订了计划，他们就更有可能实施这份计划，以此引出第三步：销售。"

"但我记得你说过专家不应该卖东西。"我说道。

"如果你遵循这三步流程，客户便不会觉得你在给他们推销东西，反而觉得是自己在主动买东西。整件事情的性质就完全不同了。"

"能说得更清楚一点儿吗？"布鲁问道。

"你可以这么想。首先，客户学到了一些他们以前不知道的知识，他们看到了新的危险与机遇。然后，他们回答了一些有用的规划问题，有了明确的目标，知道了什么阻挡了他们前进的道路以及如何前进。与此同时，他们利用现成资源的意识也大大提高。到那时，他们自然会采取行动，购买你的产品和服务。"

"说得有道理，这一流程需要很长时间吗？"奥拉问道。

"嗯，这么说吧。虽然你在每个潜在客户上花的时间更多，但结果也更好了。如果你带领潜在客户完成了这三个步骤，一般情况下，他们会买得更多。"

"为什么？"

"因为他们知道如何利用现成资源，而且还制订了自己的计划。"

"这不就是发生在我身上的事儿吗，"我意识到，"在我读了翻修书籍之后，我对地下室翻修有了更多的想法，对各种可能性也有了更多的认识。后来，承包公司指导我制订了一个计划，最终我决定花钱来实现这一计划。"

"这就对了。"布鲁说道，"我们应该怎么做才能帮助乔律师将这些想法付诸实践呢？"

"让我们和乔律师还有他的团队一起开一场创意大会吧。"麦克建议道。

第二天，在乔律师的办公室，麦克解释了"教授 – 指导 – 销售"这一理念。"你明白了吧，"麦克说道，"**登门推销塑造了一种错误的形象，你应该将自己塑造成专家的形象。**"

起初，乔律师还不为所动，不过反对登门推销的观点确实无懈可击。

"你知道吗，"乔律师慢慢道来，"我一直觉得登门推销是一件正确的事情，但现在我明白了，这一思想误导了我。我也终于明白，为什么我们的邮件和电话推销都不起作用。我们应该采用'教授 – 指导 – 销售'的策略。"

"在行动之前，先想出一个好的创意，"奥拉说道，"一个全新的、有吸引力的、与众不同的创意。"

接下来的两个小时，我们帮助乔律师想了一个名为"责任证明解决方案"的创意。"就法律责任来说，公司需要采取积极主动的措施，"乔律师解释道，"公司需要证明，他们已想尽一切办法防止事故发生。"

"举个例子，"乔律师继续道，"雇主需要证明，他们已想尽一切办法防止工伤发生。食品加工商需要证明，他们采取了一切可能的措施来防止食物中毒。这些主动措施需要记录在案。"

"这有什么用呢？"拉姆问道。

"如果真有什么事儿发生，公司被告上法庭，他们可以证明，他们曾努力阻止这样的事情发生，这可能会减轻或者免除经济处罚。"

"那么，你会怎么实行责任证明解决方案呢？"我问。

"我们将帮助客户建立主动预防型的程序来记录他们应尽的义务。我们会告诉他们潜在的风险是什么，然后指导他们建立规避体系。我们将是唯一这么做的律师事务所。"

"你为什么这么肯定？"奥拉问道。

"因为其他律师事务所只提供传统法律服务，收取费用。他们不想帮客户避免麻烦，他们只想在客户遇到麻烦后帮助客户摆脱麻烦。"

"听起来像是个好创意，"麦克说道，"不过佩波似乎不怎么兴奋，它在地板上昏昏欲睡呢。我们需要再加点儿内容。"

佩波并不兴奋，我们只能绞尽脑汁帮乔律师想出更好的创意。为了让创意更加有趣，我们制作了一张海报，海报上是一只把头埋在沙子里的鸵鸟。标题写道："如果不想做鸵鸟，责任证明将是你的不二之选。"

佩波喜欢这个创意。它醒了过来，在房间里跑来跑去，对着每个人叫着、舔着、蹭着，当然也包括乔律师。"我还从没被我的营销顾问舔过。"乔律师大笑起来。

"好啦，现在我们有创意了，"麦克说道，"让我们来规划一下营销流程。"

为此，我们创建了责任证明学院，旨在向乔律师的潜在客户和已有客户介绍法律风险，以及如何保护自己。乔律师以学院为整体品牌，开展了多项教学活动。他给商业团体做演讲，制作了一系列教育视频和播客，发布了一份名为《责任证明报告》(*The Liability-Proof Report*)的月度邮件简报，还写了一本叫作《鸵鸟综合征》(*The Ostrich Syndrome*)的书。

这些教育营销活动彻底改变了乔律师的形象。人们不再觉得他是一位登门推销服务的穷律师，而觉得他是一位无比成功、炙手可热的律师——一名真正的法律专家。

"'教授－指导－销售'策略比传统的销售策略要好得多，"麦克强调道，"**对客户进行培训后，他们将我们视为专家，并对潜在的风险和问题有了更加清晰的认知。因此，他们会向我们寻求指导，这就让我们有机会向他们推销更多的产品和服务。**"

"很有道理，"拉姆说道，"这也是人优于机器的地方。虽然机器人有很多知识，但不一定是好老师，也不一定是好教练，而人类更擅长做这方面的事情。"

"这些概念还能帮助我们战胜文斯·瓦波尔。"麦克补充道。

"为什么？"拉姆问道。

"如今，市场经济竞争的关键在于创意。想要卖东西，首先就要在创意大赛中胜出。文斯·瓦波尔非常擅长传播他那卑鄙的想法，想要战胜他，就必须要有更好、更有说服力的创意。"

"文斯·瓦波尔拥有世界上最流行的思想传播平台。如果我们想要获胜，就必须控制他的平台，把我们的龙虾之道传到 SOLNET 上。"

"然后，我们再毁灭 SOLNET 吗？"奥拉问道。

"没错，毁掉它。"

第七章

所有的弹珠

"欢迎来到文斯·瓦波尔博物馆主题公园。"导游手持扩音器大声喊道,"旅行第一站是观看一部 20 分钟的纪录片,这部纪录片歌颂了文斯·瓦波尔的一生及其商业帝国的惊人崛起。"

奥拉、布鲁、拉姆和我走进小剧场就座。我们在剧场中对文斯·瓦波尔进行市场调查,希望能找到潜入瓦波尔总部的线索。

顷刻间,大幕拉开,一部 5D 电影呈现在我们眼前。"文斯·瓦波尔排除万难,"电影旁白吟诵道,"建立起世界上最大的商业帝国——瓦波尔公司。小弗雷德·史密斯出生在内布拉斯加州农村的柏油纸棚屋里,生活举步维艰。他的父亲卡尔(Carl)懒惰凶恶,工作换了一个又一个,还时常触犯法律。许多个夜晚,一瓶酒下肚,卡尔就对可怜的小弗雷德发泄自己的不满。他说弗雷德一文不值，以后注定失败。弗雷德6岁时，喝下了一瓶父亲留下的劣质酒后，情况越发糟糕。酒精中毒损坏了弗雷德的视力，他不得不戴上了可乐瓶底厚的眼镜。

"在学校里，其他孩子无情地取笑弗雷德，叫他'四眼怪'，还欺负他。不过，弗雷德有一个秘密武器，那便是他的狡猾与机智。他可以看到其他孩子看不见的机遇，其中之一便是赢得所有弹珠。

"弹珠游戏在弗雷德的学校很受欢迎。弹珠游戏的规则：一位玩家坐在地上，双腿打开，在两腿间的地上放一颗靶子弹珠。其他人用自己的弹珠朝它发射。除非有人击中靶子弹珠并且靶子弹珠动了，不然其他的弹珠都归这个玩家所有。击中靶子弹珠的人就成为下一个玩家，开始新一轮的游戏。游戏的总体目标是赢得所有弹珠。

"一开始，弗雷德总是输掉自己所有的弹珠。他射不准，而其他孩子精于射击。不过，弗雷德并没有放弃，而是耐心钻研游戏。他发现，拥有最大最好靶子弹珠的玩家，会吸引最多的人加入他的游戏，并赢得最多的弹珠。因此，弗雷德开始寻找最大最好的靶子弹珠。

"一天下午，弗雷德在后棚里躲着父亲时，发现了一只两寸长的银色滚珠轴承。他把这颗'超级'弹珠，捧在手里，第一次有了一个伟大的想法。

"第二天早晨，弗雷德在学校有了第二个发现。如果他把这颗银色弹珠放在人行道上的凹痕中，那么这颗弹珠就不可能会移动。弗雷德搜遍校园的各个角落，终于发现了最适合的地方：大到足以固定弹珠，但又小到不会被人发现。

"当其他孩子到学校时，他们看到了弗雷德和他的巨大银色弹珠。不一会儿，孩子们聚集过来，疯狂地向这颗银色怪物发射弹珠。有许多弹珠击中它，但是没有一个能使它滚动。很快，弗雷德就收集了数十、数百、数千颗弹珠。夜幕降临时，弗雷德完成了以前从未有人做到过的事儿——赢得了所有弹珠。

"弗雷德非常高兴，把五大袋弹珠拖回了家，藏在自己的房间。那天晚上，在成堆弹珠的包围下，他睡得很香，梦到了那些输掉弹珠的同学都哭着入睡。

"这一经历影响深远，教会了弗雷德·史密斯三个关键的商业道理。首先，想要在市场上获得成功，你需要迎合人们的贪婪——用他们真正想要的东西做诱饵。其次，你需要设定游戏（规则），这样才不会输。最后，要毫不留情，如果你要玩弹珠游戏，那就要赢得所有的弹珠。

"这个故事还没完。小弗雷德有着与他年龄不符的智慧，他有着划时代的洞察力——你还必须赢得受害者的爱。于是，第二天早上，弗雷德回到学校，在课间休息时，他把所有弹珠都扔到校园里。弗雷德高兴地看着孩子们争先恐后地捡起弹珠，还有人为争抢一颗弹珠而大打出手。

"从那天起，弗雷德·史密斯就是学校里无人能及的偶像。他不仅赢得了所有的弹珠，还心怀仁慈，把所有赢得的弹珠都还了回去。"

这时，文斯·瓦波尔的形象出现在屏幕上。"当我赢得所有弹珠时，我决定要成为世界首富，"瓦波尔说道，"正因如此，我们大楼的大厅里有一颗 20 吨重的银色弹珠，它能提醒我这一切是怎么来的。"

电影落幕，导游告诉我们可以在礼品店购买文斯·瓦波尔的银色弹珠复制品。"我们每年都能卖出一千多万颗银色弹珠，"导游说道，"其实，我们就在附近的银色弹珠工厂制造这些弹珠，如果你们愿意的话，我可以带你们去参观。"

第二天，我们忧心忡忡地询问麦克关于文斯·瓦波尔的事儿。"弹珠故事和比尔的龙虾故事是一样的，"奥拉说道，"都是关于怎么起家，但它们又有些不同。"

"没错，龙虾销售比赛是一场善意的销售游戏，而文斯的游戏很不道德，他的出发点很坏。"

"不过龙虾销售比赛也有些心机，"我坦白道，"我让客户觉得，点牛排加龙虾是一件很特别的事。"

"正因如此，销售对有些人来说是一个敏感的话题。他们认为，所有的销售都是恶劣的、不道德的。"

"有时候我也会这么想，"奥拉承认道，"但我也知道，我们需要用销售手段来卖东西，哪怕是为慈善机构或学校筹集资金。"

"这完全取决于你的目的和手段，"麦克说道，"比尔试图让人们购买龙虾，所以他才把龙虾加牛排说成是'特色菜'。许多餐馆都有每日特色菜，这不是什么新鲜事儿。而且我敢肯定每个人都爱吃龙虾，龙虾能让他们的夜晚变得更美好。不出意外，他们感受到了这种美好。这没有什么问题。相反，文斯·瓦波尔玩的却是另外一种游戏。他唤醒人性的黑暗面，他知道，每个人都想要赢得这颗巨大的银色弹珠。他还暗箱操作，使得没有人能够赢得这场游戏。他这样做是为了报复其他孩子。"

"活该，谁让他们总是欺负可怜的小弗雷德。"拉姆说道。

"话是这么说，但是不能以仇恨来终结仇恨，以贪婪来结束贪婪。"

"可是，我们无法否认文斯·瓦波尔的成功。他是世界首富，他做的一些事一定是正确的。"

"没错，文斯·瓦波尔很有钱。但这不是衡量成功的唯一标准。你对世界造成了什么影响？是积极的还是消极的？这也是衡量标准之一。"

"你指的是道德吗？"拉姆问道。

"是的。如今，人们极少关注道德。太多人觉得不论用什么手段，赚到钱才是最重要的事情。"

"可是，道德会妨碍赚钱。"

"你错了，道德才是关键。你可以同时赚钱和做正确的事情。佛教称之为'正行'。"

"'正行'是什么？"

"它能帮助人们赚钱并且最大限度减少对世界的伤害。理想情况下，甚至完全没有伤害。"

"你怎么知道你做的事情是'正行'？"

"重申一下，这一切都和你的意图有关。你需要诚实地评估你在做什么，还要清楚你的动机是什么。"

"那文斯·瓦波尔的动机是什么？"

"贪婪、仇恨和幻想。"

"能说得详细一点儿吗？"奥拉问道。

"首先，弗雷德·史密斯，也就是后来的文斯·瓦波尔，被贪婪侵蚀——他想要赢得所有的弹珠。其次，他被仇恨驱使，来对付那些受害者。最后，他生活在幻想之中，认为所有这些贪婪和仇恨都会让他快乐。"

"可是，电影说他真的很快乐呢。"

"这只是个电影，我敢肯定，虽然文斯·瓦波尔很有钱，但实际上他非常痛苦。"

"从何说起？"

"他在内心深处知道自己做错了，这让他很痛苦。但是，因为他活在幻想之中，所以并未表现出来。"

"所以，**我们在销售时，必须注意自己的道德和意图。**"拉姆说道。

"是的，这就是我们必须要击败文斯·瓦波尔的原因。"

"为什么？"

"因为他计划将瓦波尔之道上传到SOLNET上每位用户的脑海中，而我们要确保他们学习的不是瓦波尔之道，而是龙虾之道。"

第八章

植入策略

特里·奥卡拉格（Terry O'Callagher）也被称为蒂尼（Tiny），他的公司最近的销售业绩有所下降，为此他有些灰心丧气。过去的 20 年里，蒂尼轮胎公司的销售额稳步增长，但是最近却一落千丈。

"上周我们的劲爆促销活动也并未引起多大的水花。"蒂尼一边哀叹着，一边带领我们穿过他那巨大的轮胎陈列室。"我也不懂为什么我们公司会走下坡路。"

虽然麦克害怕伤害蒂尼的自尊心（蒂尼曾是地狱天使①骑手），但他还是马上指出了问题的关键所在。

"你想把轮胎当作真空吸尘器来卖。"麦克一边用右手抚

---

① 地狱天使指"二战"后形成于美国的摩托车帮，成员通常穿着牛仔服，以无法无天的行为著称。——译者注

摸轮胎上闪闪发光的黑色橡胶，一边对蒂尼说道，明显话里有话。

"这话从何说起？"蒂尼问道，停下脚步。

"大多数人卖东西时都会这么做，"麦克直视着蒂尼的眼睛，"他们就像挨家挨户推销真空吸尘器的销售员。这些推销员先敲门，有人回应时就会开始推销自己的产品。他们会说真空吸尘器的特点和优点。最后他们会说出价格，并报价让客户购买。"

"这有什么问题吗？"蒂尼问道。尽管他身高将近 2 米，体重超过 250 斤，手臂和脖子上都有文身，也不难看出他有些胆怯。

"直截了当的销售方式行不通的原因有很多。"麦克语重心长地说道，"首先，如果你表现得像一位推销员，那么很多人会对你的产品失去兴趣，特别是当你纠缠不休的时候。其次，更为重要的是，谈论轮胎这种产品的特点和优点非常无聊。不可否认，人们需要轮胎，但是一般情况下，他们不会因为购买轮胎而开心。"

"我不同意你这个观点，"蒂尼生气地说道，"轮胎可有趣了，我很热爱轮胎这一行。"

"轮胎是你的事业，你当然会觉得有趣。但是，对大多数人来说，轮胎没那么重要。"

"可能你是对的吧。那我们要怎样才能让轮胎使人感到有趣呢？"蒂尼问道。

"第一步，你需要认识到你的产品并没有吸引力。对大多数人来说，轮胎就像卫生纸或猫砂那样，仅仅是一件必需品。"

"这听起来太伤人了，"蒂尼说道，看起来非常痛苦，"不过，你是对的，轮胎的确无聊。"

"不过，我们可以让它变得有趣，"麦克说道，语气中充满鼓励，"我们只需**在客户的脑海中植入一种理念**即可。"

"什么意思，在客户脑海中植入一种理念？"

"你有没有看过莱昂纳多·迪卡普里奥（Leonardo DiCaprio）主演的一部电影《盗梦空间》（*Inception*）？"

"当然看过。那部电影太好看了。"

"这是一个科幻故事。当人们熟睡时，他们利用技术进入到人脑中，并在熟睡的人的潜意识中植入思想。然后，当熟睡的人醒来时，就会根据新的思想做出决定。"

"我记得，"奥拉说道，"他们想要一个人在他父亲死后，解散他的家族生意。"

"就是那个。他们将'父亲希望他追逐自己的梦想，而不是经营家族事业'这一想法植入这个人的脑海中。"

"这可真是个好办法。"蒂尼赞同道,"不过这和轮胎又有什么关系?"

"我用《盗梦空间》这部电影来说明在客户脑海中植入思想的作用。首先你得在客户脑海中植入理念,然后再向他们销售轮胎。这就是'植入策略'。"

"这个策略好在哪儿?"

"如果你做得对,你就能卖更多轮胎,而且还可以卖得更贵。"

"听起来不错。那植入什么理念好呢?"

蒂尼、麦克,还有创意行动小分队集思广益,要为蒂尼轮胎公司策划一个"植入策略"。这是一次很有趣的经历,因为我们之前从未在轮胎公司工作过。

麦克解释道,植入理念适用于任何产品或服务。

"当今这个时代,许多产品和服务都成了商品,"麦克说道,"它们只是商品,因为它们只附有一个基本概念。举个例子,轮胎的概念在多数人的脑海中是非常普通的。他们觉得,轮胎没什么有趣或者独特的地方。轮胎看起来都差不多,它只是保证汽车在路上行驶的必需品,和牙刷、冰箱没什么两样。"

"为什么销售仅附有基本概念的产品或服务会那么难呢？"布鲁问道，"卖这种普通商品不应该更容易吗？因为它没有复杂的故事要讲。"

"话是这么说，但是，缺点也很多。第一，如果顾客认为你的产品很普通，从其他供应商那里也能获得的话，那么它的感知价值就会下降。举个例子，如果钻石很多，我们就不认为它价值不菲，我们甚至会把它扔进垃圾桶。

"第二，如果你的产品只有基本概念，就很难将自己与竞争对手区分开来。通常情况下，唯一有意义的区别就是价格，因此你可能会陷入价格竞争，这会缩小你的利润空间。

"第三，你试图说服客户购买你的基本概念，这会让你看起来就像个推销员。我之前说过，在当今市场上，让潜在客户感到厌烦的最佳方式就是表现得像个推销员。有些时候，客户甚至都不会听你的推销说辞。

"第四，销售仅附有基本概念的产品或服务还会带来一个问题，如果你认为你的事业是轮胎，那么你就会将业务范围定义得非常狭窄。你觉得你就是在卖轮胎。"

"这也有问题？"蒂尼一脸茫然地问道，"我们就是在做轮胎生意啊。"

"如果你觉得你在做轮胎生意，那么你就不会考虑轮胎以外的事情，这会让你很难创造新的价值，超越竞争对手。"

"那我们要怎么做才能走出这个基本概念陷阱呢？"蒂尼问道，此刻他像一个迷路的小男孩。

"你需要有个好的理念。"

"要怎么做？"

"首先，想想你的客户。他们遇到的与轮胎有关的最棘手的问题是什么？他们为什么需要轮胎？他们为什么要花钱买更贵的轮胎？"

"都和安全有关，"蒂尼说道，"如果你买了便宜的轮胎，你就可能会在高速公路上爆胎、撞车甚至死亡。"

"不是所有的轮胎都是安全的吗？"我问道。

"所有的新轮胎都非常安全，不过有些人为了省钱，会买旧轮胎。越贵的轮胎越耐用持久。"

"这听起来像是个不错的理念。"麦克说道。这时，佩波突然精神一振，叫了一声。

"这是个好兆头。"布鲁说道。

"我们应该告诉人们，更贵的轮胎更安全，对吗？"蒂尼问道。

"不完全是这样，好的理念不仅仅只是宣传你产品的好处，更重要的是要关注客户的自我形象。"

"这是什么意思？"

"我说过很多次，**人们不会购买产品和服务，而是购买理念**。如果客户喜欢附加在产品上的理念，他们就会花钱购买，否则，他们便不会花钱购买。换言之，**产品的感知价值不在产品本身，而在客户的脑海中**。所有的价值都存在于此，而不是在产品中。"

"为什么要关注客户的自我形象呢？"

"一个好理念的吸引力在于它能契合一个人的自我形象。举个例子，有些人喜欢买枪，因为买枪符合他猎人、户外求生者或者房主的形象。然而有些人却不爱买枪，因为买枪并不符合他们的自我形象。"

"我有一堆枪，"蒂尼自豪地说道，"有枪真的会让我感到非常安全。我买枪纯粹是为了保护自己。"

"买枪让你心安，"麦克说道，"持枪是你自我形象的一部分。持枪的好处不仅是让你感到安全，而且还构建了你的自我形象。"

"那么轮胎呢？怎样才能让人们觉得昂贵的轮胎是他们自我形象的一部分？"

"关键是要针对那些有安全意识的人，他们骑车要戴头盔，划船要穿救生衣，开车要系安全带。"

"我从不这样做，"蒂尼说道，"所以有点儿难理解。"

"我就知道你会这么说，不过，你的观点很有趣。要销售得好，你就必须站在客户的角度思考问题，而不是站在自己的角度想问题。记住，你不是你自己的客户，如果你只用你的眼睛看问题，很可能就看不明白。"

"我明白了，真是令我受益匪浅。"

"最好的方法就是把那些有安全意识的人作为目标客户。安全已经是他们自我形象或世界观的一部分。"

"世界观？"

"就是他们看待世界的方式。举个例子，他们可能会认为这个世界充满危险，因此他们必须保持谨慎。"

"我觉得我们的目标客户应该是带小孩儿的父母，"我说道，"他们会买更好的轮胎来保证孩子的安全。"

"好主意。"

"接下来，我们要怎样把所有的这些理念写进推销宣传中去呢？"蒂尼问道。

"我们先不考虑推销宣传，来一场销售对话吧。"

"什么意思？"

"没有人愿意听推销员的宣传。推销员的宣传只会让好点子变成烂点子。"

"为什么？"

"不管你卖什么，如果客户知道你想推销东西，他们是不愿意花钱购买的。"

"我明白了，那我们如何进行一场销售对话呢？"

"问一些问题。"

"什么样的问题？"

"这些问题要能够帮助客户将自我形象定义为有安全意识、会买优质轮胎的人。"

"听起来有点儿意思。"

"其实，我们不是在卖轮胎，而是在卖客户的自我形象，这就是关键所在。"

"我懂了。现在，需要我干点什么？"

"让我们先来检验一下这个植入策略。"

接下来的几天里，我们与蒂尼及他的销售团队进行了一场销售"对话"。我们让他们在销售厅检验这一策略。

蒂尼及其团队很快就看到了植入策略的效果。顾客参与度越来越高，对优质轮胎越发感兴趣。第一周，优质轮胎销售量激增 50%。销售团队报告道，他们感觉自己更加放松、更为专业了。他们感觉自己不像一名推销员，而像一位安全顾问。蒂尼敏锐地发现，这一新方法还让销售人员强化了正面的自我形象，真是出乎意料。

　　亲爱的读者，你们可能很想知道蒂尼和他的团队在销售厅里究竟对客户说了些什么。其实很简单，当顾客走进商店时，他们会进行如下对话：

　　"您好，如果您需要帮助的话，可以找我帮您解决哦。如果您只是想随便看看，那我就不打扰啦。"

　　"你这么说我太开心了。不过，我可能还是需要你的帮助。我正在找一些适合我汽车的新轮胎。"

　　"这样啊，那您可算是来对地方了。您有心仪的轮胎吗？"

　　"还没有。我对轮胎的了解不多。"

　　"没关系，轮胎基本上有两种类型，基本款和高级款。"

　　"它们有什么不同呢？"

　　"这么说吧，基本款是标准轮胎，每个轮胎平均售价150美元左右。"

　　"那高级款呢？"

　　"高级款是高档轮胎，可在道路上提供更好的安全保护。研究表明，高档轮胎在高速公路上爆胎的概率是标准轮胎的三分之一。"

"天哪，有这么多轮胎爆胎吗？"

"没错，如果轮胎轧到玻璃或者其他尖锐物体，那么基本款轮胎爆胎的可能性会更高。高档轮胎更结实，能提供更好的安全保护。"

"我还是拿不定主意。"

"没事，大多数人都很难拿定主意。冒昧地问一句，您有孩子吗？"

"有的，一个3岁，一个7岁。"

"许多有孩子的家长都会选择高档轮胎。他们不想孩子在车里遭遇任何风险。他们宁愿花更多的钱换取安心。"

"嗯……高档轮胎多少钱？"

"每个轮胎500美元左右。"

"这也太贵了吧。"

"确实是贵了很多，但是高档轮胎的质量更好。"

"我还是得考虑一下。"

"可以的，您也不一定要买高档轮胎，基本款也是很不错的。"

"我没说我想要基本款，我只是没想到高档款要花那么多钱。"

"我知道。在安全性能方面，有些人喜欢基本款，有些人喜欢高档款。"

"这是当然，我肯定不想要基本款。每每谈到安全问题时，我还是想买高档款。我也想保证我孩子的安全，这对我来说非常重要。我想好了，我要买高档轮胎，这让我觉得安心。"

植入策略正在发挥作用。植入者（推销员）将一种理念植入被植入者（顾客）的脑海中。

"不对，应该是好几种理念，"麦克说道，"首先，推销员为客户提供了一种看待问题的新方式，特别指出顾客可以在基本款和高档款之间进行选择。然后，推销员植入一种想法，即高档轮胎更为安全，他这样做也没有否定基本轮胎的质量，只是表明高档轮胎更为安全。

"这种植入策略让顾客开始仔细思考他们的自我形象。他们属于基本型还是高级型？有安全意识还是没有安全意识？关心自己的孩子还是不关心自己的孩子？

"所有的这些理念汇聚在一起，在客户心中形成了一种势不可挡的想法：如果他们是高端人士，关注安全问题，且关心自己的孩子，那么就应该选择500美元的高档轮胎。"

蒂尼及其销售团队使用植入策略将想法植入客户脑海中

后，取得了极大的成功。他们没有大肆宣讲轮胎的特点，而是帮助客户重新塑造他们的自我形象，即成为一名高端、有安全意识且关心家庭的人。一旦客户的脑海中有了这样的意识，他们就会花钱购买高档轮胎了。

"植入策略可真是太妙了，"拉姆兴奋地说道，"我们要如何使用这一策略拿下文斯·瓦波尔呢？"

"问得好，"麦克说道，"我们将用植入策略让文斯·瓦波尔邀请我们到瓦波尔公司总部去。我们要在他的脑海中植入一个他无法拒绝的想法。"

"我已经迫不及待了。"我边说边好奇我们会在文斯·瓦波尔的脑海中植入什么样的想法。

"我也是。不过在那之前，我们还有很多其他的龙虾之道要学。"麦克说道，然后退出了SONLET。

第九章

社群效应

"我感觉有点儿孤独，"马尔科·马克思（Marko Marks）在我们的第一次SOLNET会议上说道，"我在SOLNET上有1.5万名好友，但我感觉没一个人是我真正了解的。"

"我理解你的孤独，"奥拉柔声说道，"我还能感到你的沮丧。"

"真的，我好沮丧，我的潜在客户太少了。"马尔科解释道，"我开了一家很不错的咨询公司，但是高开低走。我们拿到合同时，会把全部精力花在项目上面，可是，合同结束时，我们又要重新寻找潜在客户。这都快把我折磨疯了。"

"你采取了哪些销售措施？"我问道。

"说实话，我采取的方式不多。我主要靠别人介绍客户，我还做过一些演讲，其实也没什么用。现在认识一些新朋友太难了。我还在SOLNET上扩大我的网络社交圈，不过这对我似乎没多大帮助。"

"你得了数字失望症。"麦克断言道。

"你什么意思？"拉姆气呼呼地问道。

"人们对数字化营销充满信心，但许多人又对结果极其失望。"

"可是，还是有好多人取得了好结果。"布鲁肯定地说道。

"只是一小部分，"麦克说道，"有好多公司用数字化营销来发展其业务，但是大多数都没看到结果。"

"怎么会这样呢？"我问道。

"数字化营销这一策略本就不适合每家公司。它完全取决于你的业务类型。不过，推销数字媒体策略和工具的人不希望你知道这一点。"

"为什么数字化营销不起作用呢？"奥拉问道。

"数字化营销营造了一种进步的错觉，因此会让很多人失望。当你在 SOLNET 上有 1.5 万个好友时，你会认为这是一件非常了不起的事情，可是，这并不会转变为销量。你只是有 1.5 万个'粉丝'而已，这些人加你好友的目的只是为了增加自己的'粉丝'数。每个人都想要'粉丝'，但就是没有人要买东西。"

"确实是，"马尔科说道，"这 1.5 万个'粉丝'没有一个买过我们的东西。"

"数字化营销会失败还有一个原因,"麦克老练地说道,"人具有生物属性,他们需要面对面的接触。**数字人际关系并不能替代面对面的真实接触。**"

"我懂你的意思,"奥拉说道,"和我的朋友花 1 个小时在 SOLNET 上聊天,我感到内心很空虚。"

"那和朋友面对面交流 1 个小时后你有何感受呢?"麦克问道。

"感觉相当不错,"奥拉说道,"我感觉和朋友的关系更加紧密了,心情也更好了。"

"没错,"麦克肯定地说道,"在这个 24 小时 SOLNET 在线,充斥虚拟人际关系的时代,最佳的销售方式是实体化营销而非数字化营销。"

"什么是实体化营销?"马尔科问道。

"实体化营销就是离开 SOLNET,回到现实生活中和真实的人做生意。"

"这有些出乎所料啊,"拉姆说道,"我觉得数字化营销才是未来大势所趋。"

"数字化营销固然有它的一席之地,"麦克坚定地说道,"不过,老式的营销方式也是时候回归舞台了。"

"比如说？"我问道。

"过去的关系网。"

"要怎么做？"

"我们要帮助马尔科利用社群效应。"

"什么是社群效应？"奥拉问道。

"我们将围绕马尔科建立一个有真人真事的实体社交圈，这样他就可以遇到更多的潜在客户了。我们还是可以使用各种数字工具，比如 SOLNET，不过关键是让人们在现实世界中共度时光。"

"文斯·瓦波尔不会让这样的事情发生的，"布鲁说道，"他想要所有人把所有事都放在网上处理，从而忘记真实世界。"

"他当然会这么想，"麦克说道，面色沉重，"他会这么想是因为这符合他的利益，可这却不符合我们的利益。"

"那我们要如何使用你所说的社群效应这一策略呢？"马尔科饶有兴趣地问道。

"先定一个目标。你想要结交更多的新朋友，具体想结交多少人呢？"

"今年，我希望能有 500 个新客户。"马尔科说道，越来越有激情。

"注意审题，我说的是人，不是新客户。"麦克说道，"实体社交圈刚开始可能只会给你带来少数几个潜在客户，不过它最终能带来更多的客户。"

"我越发好奇了。"马尔科说道。

"我们想围绕你来建立一张支持你业务的人员网络。首先，我们要为这些人提供价值，然后，再请求他们给我们介绍新人，这样才能给你带来实实在在的潜在客户。"

"那我们要怎么做？"

"首先，你需要确立目标。这必须是比你公司目标更大的目标，是一个有益于世界的目标。"

"比如说，慈善？"

"不全是，这个目标主要与你的事业相关，同时关乎共同利益。"

"我到底该怎么做？"马尔科问道。

"你是环境工程领域的管理咨询顾问，对吗？"

"是的，我们帮助公司和社区建设环保可持续的基础设施。"

"好，那我们以环境为主题，比如，提供工程解决方案。"

"或者教育人们了解与环境解决方案相关的新技术。"马尔科补充道。

"非常好，"麦克说道，"我们将围绕工程环境解决方案这一理念创造一个社交圈。"

"怎么创建？"

"我们邀请人们参加可持续发展技术的主题活动，与此同时，我们还要邀请专家就绿色技术这个话题发表演讲，接着是小组讨论。"

"可是，如果我不认识那么多人，怎么举办活动呢？"

"你总认识几个人吧，你先和你认识的人喝喝咖啡、聊聊天。"

"喝喝咖啡、聊聊天就行吗？"

"是的，你邀请这些人出去喝喝咖啡、聊聊天，然后向他们解释你此行的目的。"

"我此行的目的是什么？"

"当然是使用尖端技术来保护环境啦。你要向他们寻求帮助，来完成这一任务。"

"为什么不直接让他们给我介绍潜在客户呢？这不更快一些吗？"

"当然不行，你这样做会让他们感到厌恶。人们更愿意帮助你实现一个远大的目标，而并非帮助你找到客户。"

"原来如此。"

"首先，给你认识的网友发送电子邮件或者给他们打电话，约他们出来喝咖啡。其次，告诉他们你的任务是拯救地球，想要听听他们的意见与建议。"

"然后呢？"

"喝咖啡时告诉他们可以做三件事来帮助你。第一，给你介绍更多有兴趣拯救地球的人。第二，帮你争取到演讲机会。第三，参与到你的社交活动中来。"

"我的社交活动是什么？"

"我建议你每两三个月举行一次早餐会。每次的早餐会都要在环保理念与技术的大背景下确定一个主题。"

"在早餐会上我们需要做什么？"

"先放一些视频，或者找人来做演讲，然后进行小组讨论，最后是自由交流时间。总共下来，3 个小时差不多了。"

"可是，我不需要做演讲吗？"

"不用，你做主持人就好。如果你来演讲，他们会觉得你想卖东西给他们。"

"我确实要卖东西给他们。"

"你不能这么想。你应该想，怎么让他们多给你介绍一些人。"

"我还是有点儿不明白。"

"我们换个角度看问题。举个例子，当你敲别人家门，尝试向他们推销东西时，他们是愿意的多还是不愿意的多？"

"肯定是不愿意的多呀，大多数人不愿和推销员浪费口舌。"

"对了，如果你想通过推销东西来建立业务关系，就很难认识足够多的人。你还会吃闭门羹。相反，**人们愿意帮助你实现一个更远大的目标，这会让他们感觉自己在做一件很有意义的事，也能帮助你结交更多的人。**"

"如果这些人不买东西，那结交更多人有何意义呢？"

"这就像下国际象棋。"麦克说道，"在销售之前，要走很多步。**第一步，让人们进入我们的社交圈。第二步，让他们带更多人的进入我们的社交圈。第三步，等待人们向你寻求帮助，这才是推销的时候。**"

"我怎么确定他们会向我寻求帮助？"

"社群效应起作用后，他们必然会向你求助。第一，你遇到了更多的人。第二，你给他们提供了价值。第三，他们认为你是专家，自然而然地会接受你的专业知识。"

"可是，我并没有做演讲呀。"

"这就是社群效应的魅力所在。你把自己和这个领域的其他专家联系在一块儿，你就成了专家，因为你已经和这个主题密不可分了。"

"可是，人们大部分的时间都在网上度过，凭什么要来参加现实生活中的聚会呢？在 SOLNET 上举办活动岂不是更好吗？"

"我说过，当今这个时代，人们渴望在现实生活中与人接触。他们想要见到真人，而不是数字影像。"

"我懂了。我感到异常孤独，我想其他人应该也和我一样。"

"在数字世界里，网络关系已经成为廉价商品，而现实交流却异常罕见，所以面对面的聚会和社交活动就变得格外珍贵。社群效应便是利用了这一点。"

"为什么你要将其称之为社群效应呢？"

"这就是龙虾之道中一个很酷的特点。"麦克说道。

"某一天，社交圈会有自己的生命。到那时，成员便会主动带来更多的成员，你就不必那么辛苦了。"

"为什么会这样？"

"第一，社交圈给成员提供了一种邀请他人，从而为他人提供价值的方式。第二，他们也希望邀请更多的成员，因为这样能让社交圈增值。社交圈中的人越多，这个圈子对圈内成员的价值就越大。这也让他们感觉自己在做一件很有意义的事情，因此他们愿意为此做出贡献。出于以上这些原因，他们就有动力邀请更多的人加入进来。"

"可是，这不会花很多钱吗？"

"一点点而已。你只要给他们买杯咖啡。我们还建议你为首次参加早餐会的人买早餐。如果第二次早餐会他们还来，就要自己花钱买早餐了。"

"这挺好，"马尔科说道，看起来信心倍增，"听起来计划不错，让我们开干吧。"

"开始之前，我们还要再做一件事，那就是给我们的社交圈取个名字。"

"为什么要给它取名呀？"

"这是一个高级的社交圈。我们不仅将人们聚集在一块，还创造了一个社区。这个社区需要个名字。"

"'生态优势圈'怎么样？"布鲁建议道。

"棒呆了。"马尔科说道，非常开心。

"好，让我们开始建立'生态优势圈'吧。"麦克说道。

接下来的6个月里，马尔科请了100多个人喝咖啡，其中有80个人加入了我们的社交圈。第6个月的时候，50多个人参加了"生态优势圈"的早餐会。更为重要的是，马尔科有了结识新朋友的渠道，这个渠道可以给他带来无穷无尽的人。

结识新朋友可真是趣味盎然，让人激情倍增。马尔科说，他很享受在真实世界中结识朋友，与他们握手，看着他们的眼睛的感觉。

他还得到了更多演讲的机会，获得了 5 个新的客户，这都是社交圈带来的直接结果。

在一次汇报中，马尔科滔滔不绝地谈论社交圈的成功。

"这可真是太妙了。我已经不卖东西了，可却越卖越多。我遇到了好多根本不可能遇到的人。我并没有把他们当成我的潜在客户，而仅仅只是将他们看作邀请他人的渠道。我看到社群效应是如何发光发热的。人们主动地向我推荐新成员。当然，我也学到了很多。我遇到的每一个人，都有很多知识和想法要和我分享，这可真是太有趣了。"

"我还发现了一些重要的事情，"马尔科继续道，"社群策略比我从其他地方学到的旧式推荐策略要厉害得多。以前，我认识一些大佬，他们介绍了少量潜在客户给我。我的老客户也给我介绍了一些人。而现在，**社交圈成员彼此都有联系，这让社群更有凝聚力。加入的人越多，社群就越强大。**"

"看来你真的明白什么是社群效应了。"麦克激动地说道。佩波看起来也很高兴，兴奋地摇着尾巴。

"你教会了我龙虾之道，我真的感激不尽。"马尔科总结道。

不久，我们私下和麦克见了面，讨论如何使用这种策略潜入瓦波尔总部，摧毁 SOLNET。麦克的回答一如既往地让我们惊讶。

"我可以肯定的一点是，文斯·瓦波尔感到孤独寂寞。"

"可是，他是世界首富啊。"拉姆困惑地说道，"作为一名机器人，我不知道孤独是什么滋味，但是世界首富不应该有很多朋友吗？"

"我见过许多有钱人，"麦克说道，"很多都是孤独的。他们没有真正的朋友，只有一群随从和马屁精。每个人都夸赞他们。尽管文斯·瓦波尔非常享受他们的阿谀奉承，但其实在他的内心深处也是极度渴望友谊的。"

"但是，文斯·瓦波尔是个恶魔啊，"我说道，"邪恶的人不在乎孤不孤独。"

"文斯·瓦波尔不是恶魔，"麦克转身对我说道，"他只是陷入贪婪、仇恨、幻想编织的网中去了。我们必须要弄清楚如何帮他和那些受他折磨的人减轻痛苦。"

麦克的话让我们沉默了。原本我们都很讨厌文斯·瓦波尔，可现在却对他有了一丝同情。

"仇恨永远结束不了仇恨，只有爱才能战胜仇恨。"麦克说道。

"你想让我们爱上文斯·瓦波尔？"布鲁难以置信地问道。

"你不需要爱上他，不恨他就可以了。如果我们想要解决这个问题，就不能带着仇恨。仇恨会蒙蔽我们的双眼，让我们变成下一个文斯·瓦波尔。"

"那我们要怎么利用社群效应来阻止文斯·瓦波尔呢？"奥拉问道。

"如果我们运用得当，社群效应将是与文斯·瓦波尔建立关系的最佳方式。"

"建立关系？"拉姆说道。

"没错，我们需要和文斯·瓦波尔建立关系，这样我们才能获得道德控制芯片，将新的龙虾之道上传到 SOLNET 中去。"

"我期待那一天的到来。"我说。

第十章

伟大的爸爸

文斯·瓦波尔满脸是汗，他从脸上摘下一个泛黄的呼吸机面罩，把他那茄形的身体挤进一把黑色皮椅内，说道："一天又过完喽，"他的声音中满是疲惫，"异常忙碌的一天啊。"

"怎么啦，爸爸？"提阿娜一边问道，一边揉着父亲粗糙的背部肌肉，"在我看来，一切都进行得很顺利呀。"

"是很顺利，提阿娜，可是有时候掌控世界太难。"瓦波尔回答道，抬头看着女儿充满同情的澄澈绿眸。

"你需要更多人的帮助，"提阿娜说道，把娇嫩的手指放在瓦波尔的肩胛骨上，"你需要雇用更多人来帮你管理新开设的部门。"

"确实是。大数据部门占用了我太多的时间和精力。"瓦波尔说道，"我们从 SOLNET 上收集了很多用户的个人信息，我没想到用这些信息能做这么多事情。"

"比如说?"提阿娜问道,双手在父亲长有水疱的后背按摩得更用力了,"都有什么个人信息?"

"所有的个人信息,"瓦波尔说道,突然感到被赋予了一种新的力量,"他们的所有信息我们都清楚。他们喜欢什么,不喜欢什么,会给谁投选票,早餐吃了什么,会和谁一起出去玩,等等。"

"那么你要怎么利用这些信息呢,爸爸?"提阿娜问道,语气中充满童真。

"任何事情,宝贝。我们可以给他们发送定制广告,不过,这都是小孩子的把戏。道奇设立的新部门才是赚钱的关键。"

"什么部门?"

"强制部门。"瓦波尔说道,每个字都说得很重。

"这个部门是做什么的,爸爸?"

"在 SOLNET 上跟踪会员,我们知道他们的所有秘密。我们知道他们是否在欺骗自己的配偶,是否在工作中开小差,是否与犯罪分子一同出行。我们还可以在他们的数字记录中植入虚假证据。"

"为什么要这么做呢?"

"为了赚更多的钱。我们向他们发送匿名消息,索要钱财来替他们保密。如果不给钱，我们就将他们的丑闻在 SOLNET 上公之于众。如果他们给钱，我们保证在一段时间内不揭露这些丑闻。"

"可是，爸爸，他们不会去警察局告发我们吗？"

"不会的。他们只会认为是黑客或者 SOLNET 上的其他用户所做的，不会牵扯到我们。"

"太聪明啦，爸爸。我肯定想不到这么好的点子。"

"那是因为你是天使啊，提阿娜，"瓦波尔说道，在她的脸颊上亲了一口，"我的小天使。"

"我可不是天使，"提阿娜说道，从父亲怀抱中挣脱出来，"我也是个女商人。"

"我当然知道啦，你设计的'吊灯'头饰美极了，"瓦波尔笑着说道，"谁又能想到人们会在头上戴一盏枝形吊灯呢？"

"其实这也不难，我们让超级巨星费尔法克斯·瓦洛佩（Fairfax Valopé）戴着'吊灯'头饰上真人秀节目，在这之后，人人就都会想戴着它了。"

"我也喜欢你使用的三个盒子营销策略。二寸、四寸、八寸，这让更多人选择了四寸的那个'吊灯'头饰。"

提阿娜说道："不管你卖人寿保险或有机食品这类有用的

东西，还是卖'吊灯'头饰这样荒谬的东西，三个盒子营销策略都非常有用。"

"别忘了'无感'这款无味香水，"瓦波尔说道，"这款产品我也喜欢。"

"爸爸，如果没有你，我不可能推出这款产品。你曾教过我，只要是让人们感觉舒服的东西，他们就都会买。"

"对呀，那些激进分子喜欢无香环境，所以把'无感'香水一抢而空。这款产品不仅让他们富有魅力，还符合他们清高的性格，堪称完美。"

"爸爸，你知道吗，这一切都非常符合瓦波尔主宰世界三法则。"

"我爱瓦波尔三法则，"瓦波尔沉思道，"不过，我想我爱这些法则，是因为我创造了它们。"

提阿娜背诵道："第一，不管你怎么赚钱，赚到钱才是最重要的。"

"这简直就是真理！"

"第二，如果你迎合客户的贪婪、仇恨与幻想，你就可以赚更多的钱。"

"我的鸡皮疙瘩都快起来了。"

"第三，挡道的人都得死。每个人都可能是你的敌人，你必须毫不留情。"

"对！三个伟大的法则！"

"别忘了还有一个瓦波尔法则。"

"嗯，对，再背一遍那个法则。"

"名誉就是财富。"

"说得没错。"

"爸爸，你曾说过，不管是因为好事，还是坏事出名，都没关系，名誉就是财富。"

"亲爱的，这就是世间真理。"

"正因如此，你创办了自己的真人秀节目，还总干一些令人匪夷所思的事，这能让你一直成为人们茶余饭后聊天的热点。"

"提阿娜，你不能让他们谈论其他人、其他事儿，只能谈论你。"

"爸爸，你把一切都教给了我，成为你的女儿，我太幸运了。"

"有你这样的女儿，我也很骄傲。"瓦波尔说道，再次热情地抱了抱他的女儿。

"看，道奇回来了。"提阿娜说道，小心翼翼地从父亲怀抱中抽离开来。

"爸，提阿娜，我回来了。"道奇一边说道，一边慢慢地走向房间，"我有个惊天好消息要告诉你们。"

"哦？什么好消息？"

"道德控制芯片就快完成了。只需再做一些调整，就只等新年发布了。"

"太好了！这将是最后的'卡普格拉斯'（Coup de grace）。"

"卡什么拉丝？"提阿娜问道，满脸疑惑，"这个芯片和卡什么拉丝有什么关系吗？"

"这是法语，你这个笨蛋，"道奇嘲笑他的妹妹，"这是致命一击的意思。"

"我当然知道啦，"提阿娜愤愤不平地说道，"我也是懂些法语的好吗！"

"好啦，道奇，说说道德控制芯片的事儿吧。"瓦波尔说道。

"芯片进展非常顺利，在 SOLNET 母机中安装上芯片，就可以控制网络上每个人的道德感了，也就是说，可以控制世界上所有人的道德感。"

"怎么做到的？"提阿娜问道。

"人们在 SOLNET 上花的钱不够多，"道奇解释道，"大部分人并没有把所有的钱都拿出来花，而是将一部分存起来了。他们还觉得购买枪支、毒品和进行暴力活动是不道德的行为。不过，道德控制芯片将会重置他们对道德的认知。我们可以捏造新闻故事，在他们睡觉的时候将广告植入他们头脑里，为他们内心深处的幻想提供反馈，以此来触发他们内心的贪婪、仇恨等情绪。之后，越来越多的人就会购买枪支、毒品和进行暴力活动了。"

"销量会越来越高。"瓦波尔说道，双手合十，脸上充满微笑。

"还能变得更好，"道奇继续说道，"我们的终极目标是，提高他们的信用额度，让他们负债累累。之后，当他们无法还清债务时，我们就提高利率。他们就会一辈子陷入债务中。"

"道奇，这真的太棒了。"瓦波尔一边说道，一边与他的儿子愉快地击掌。

"听起来好卑鄙啊。"提阿娜说道。

"这有什么卑鄙的呢？"道奇反驳道。

"他们难道不会破产吗？"

"谁管那么多，"瓦波尔说道，"别忘了我们的第一条法则：无论你以何种方式赚钱，赚到钱才是最重要的事情。"

"话是这么说，但这个计划确实很卑鄙。"提阿娜说道。

"这是因为你像天使一样善良，提阿娜。"瓦波尔说道，他那张斑驳的胖脸上露出了柔和的神色。

"道奇，下一步该怎么做？"瓦波尔问道。

"我们必须完成量子计算机测试，然后才能将芯片上传到母机上。"

"孩子们，我们快成功了。我们所有的努力即将画上圆满的句号，任何人都无法阻止。世界将牢牢掌控在我们的手里。"

"掌控世界！"道奇说道。

"没错，掌控世界。"提阿娜喃喃自语道，继续按摩着父亲黄褐色脖子上那紧绷的肌肉。

第十一章

水坑

　　有机业绩集团（The Organic Performance Group）是一家管理咨询公司，在 SOLNET 上拥有多个虚拟办公间。该公司的创始人蒂姆·迪兹（Tim W.Deeds）叹息道："我们的潜在客户不够多。虽然我们有一些高质量客户，但还远远不够。我们不能只靠别人介绍。"

　　麦克打着莲花坐，深吸一口气，非常平静。佩波把头靠在主人的腿上。团队的其他成员，包括我在内，都在期待麦克会想出什么好点子。

　　"这就好像你在错误的地方狩猎潜在客户。"麦克终于开口了。

　　"'狩猎'是什么意思？"奥拉问道，"难道我们要去杀死潜在客户？"

　　"这只是个比喻，奥拉，"布鲁插话道，"我渐渐能够明白麦克所说的比喻和类比了。"

"是的，这只是个比喻，"麦克说道，"这是营销中一个特别有用的比喻。"

"麦克，再多说点儿呗，"拉姆说道，"作为一名机器人，我不太能理解比喻，不过我每天都在学。可能不久后，我也能运用比喻了。"

"在采集狩猎时代，我们的祖先早上起来后就外出打猎。如果他们成功狩猎，便会有丰盛的大餐；否则，他们只能忍饥挨饿。要么吃饱，要么挨饿，没有其他选择。"

"那时候没有冰箱，也没有麦当劳，"布鲁嬉皮笑脸地说道，"没有麦乐鸡块也没有洞穴开心乐园餐。"

"确实如此。狩猎关乎生死，"麦克说道，"所以，必须认真对待。"

"他们也不能在牛排餐厅点一份龙虾。"布鲁说道。

"当然不能啦，他们必须确保自己在正确的地点捕获合适的猎物。"

"否则，只能饿死。"奥拉重复道，在布鲁的手臂上打了一拳。

"现今也是一样。"麦克继续道，"不过现在，我们不是早起狩猎，而是早起赚钱。如果你是企业老板或是推销员，那就是早起狩猎新客户。"

"我明白你的意思了，"拉姆说道，"人类狩猎客户，客户付钱，钱又能变成食物。你们和我不同，你们需要食物才能存活。"

"没错，过程是一样的，只是多了钱这一环节。"

"你到底想说什么？"蒂姆·迪兹焦躁地问道，"这和我的问题又有什么关系？"

"先想想我们的祖先，"麦克说道，巧妙地避开了蒂姆·迪兹的暴躁，"当祖先出门狩猎时，哪里会是狩猎的最佳地点呢？"

"我不知道，可能是丛林吧，我猜。"蒂姆·迪兹说道，"在热带雨林或者别的地方。"

"可能吧，不过为什么是这些地方呢？"

"因为动物会聚集在这里。"

"也就是说，猎人需要去动物聚集的地方。"

"说得有道理。"布鲁说道。

"那么，大部分动物都在哪里游荡呢？"麦克问所有人。

"我知道，"奥拉兴奋地回答道，"在水坑附近。"

"没错，奥拉，就是水坑附近。如果你想找到更多的动物，就去找水坑。它们最后都会到那儿去。"

"你的意思是，我们要去水池或者饮水机那里寻找潜在客户？"蒂姆·迪兹问道。

"不一定，只在一些情况下是这样，"麦克说道，"我们应该找到潜在客户聚集的地方。一群一群地找可比一个一个地找要有效得多。"

"我似乎明白了，"蒂姆·迪兹说道，"我们每次都重新寻找客户，就像在茫茫苔原上追逐一只鹿。"

"是的，"麦克说道，"很多公司一次只锁定一个目标客户，就好像在空旷的草原上追逐一只鹿一样。这场追逐极为漫长，而且鹿还会躲避他们。不久后，追逐者就饿死了，就算他们抓住了这只鹿，也会筋疲力尽。这场追逐战所消耗的能量与这头鹿提供的能量差不多，甚至更多，这不值得。"

"所以，我们需要寻找成群的潜在客户，"蒂姆·迪兹自顾自地说道，"这是个好方法。"

"如今，**找到成群的潜在客户是成功销售的关键。你需要瞄准聚集在一起的潜在客户。如果他们在哪儿都没聚集，那你就要重新思考你的整个事业了。**"

"整个事业？"蒂姆·迪兹说道，担心地拧着双手。

"是的。如果你的潜在客户不会在水坑附近聚集，那么你就需要把你的猎物换成别的东西。好比，不要再狩猎一只狼，而是去狩猎成群的水牛。以此类推，这意味着你需要改变产品、服务，甚至是整个公司。"

"希望不要这样。"蒂姆·迪兹说道。

"看看再说吧。"麦克安慰道。

"除了这个水坑概念，还有什么其他需要考虑的因素吗？"奥拉问道。

"让你的猎物吃饱也很重要。"麦克大笑道。

"我明白了，"蒂姆·迪兹跳起来道，"猎物一定要有钱，猎杀一个骨瘦如柴的动物，毫无意义。"

"我不喜欢这一比喻，"奥拉说道，"我是素食者。"

"蒂姆，你说得没错，"麦克说道，"我们需要找到吃得很饱的潜在客户。也就是说，这些猎物得先把自己吃肥。"

"幸亏我还没吃午餐。"奥拉说道，低头看向自己的大腿。

"这只是一个类比，奥拉，"布鲁说道，"放轻松。"

"我反对狩猎。"奥拉反驳道。

"不要只从字面意思上来理解这个事情，奥拉，"麦克说道，"我只是说，我们**需要找到有钱可花的潜在客户**，否则就是白费力气。"

"这不是很明显的吗？"我说道。

"是的，"麦克回答道，"但是，有时候我们也需要提醒自己注意到这些显而易见的事情。"

"这是个好比喻，"蒂姆·迪兹承认道，"我们不能一次只锁定一个挨饿的客户，而是要追捕那些聚集在一起、吃得很饱的客户。"

"这是最高效的方式。"麦克说道，"现今，找到客户更加困难了。他们设置起屏障，躲在语音邮件、电子邮件、短信、SOLNET 网站等电子屏障之后，因此推销员很难找到他们。这就让单一猎物策略更加寸步难行。"

"这的确是个好策略，但是要怎么把这一策略运用到我们公司中去呢？"蒂姆·迪兹问道。

"蒂姆，先说说你们公司的情况。"我说道。

"我们公司已成立 15 年了，我们通过关注其他公司的有机潜力来帮助他们提高业绩。我们所说的有机，是指他们与生俱来的天赋。因此，我们鼓励公司挖掘自己内部的潜力，而不是向外部寻求帮助。"

"听上去很棒，"奥拉说道，"有机方法确实与众不同。这是你们的公司理念。"

"我们公司的客户都喜欢这一有机理念，"蒂姆·迪兹自豪地说道，"我们只需要获得更多的客户。"

"你现在采取的营销措施有哪些呢？"拉姆问道。

　　"我们在寸草不生的苔原上寻找单一猎物，"蒂姆·迪兹说道，"我们先锁定公司，然后给他们发送我们的宣传册，最后再约个地方见面。"

　　"这一措施效果怎么样？"布鲁问道。

　　"就像麦克说的那样，这场追逐战既孤独又漫长，让人身心疲惫。我们需要做演讲和很多的提案。到头来，我们却常常发现潜在客户是一只饥肠辘辘的动物，根本不值得我们大费周章。就算我们最后接到了这一业务，也觉得划不来，因为这场追逐战所消耗的能量太多了。"

　　"这就是为什么最好在水坑附近寻找聚集的肥美客户。"布鲁说道。

　　"可是，我们这一行的水坑是什么呢？"蒂姆·迪兹问大家。

　　"你的潜在客户会参加商会或贸易展吗？"麦克问道。

　　"我们的客户会参加很多商会，"蒂姆·迪兹说道，"我们以前会陪着他们一起参加，但现在不去了。"

　　"为什么？"布鲁问道。

　　"我也不太清楚。说来也奇怪，这一方法很管用，可是我们却不用了。"

　　"常有的事儿，"麦克说道，"刚开始，我们有一种行之有效的营销策略，但时间长了，我们会觉得它很无聊，也就将其遗忘了。我们忘记了为什么我们的事业会成功。我们开始觉得它们自己就会成功。"

"这就是人性，"拉姆说道，"我被激活后，就开始研究人性，你们人类总是做一些非常疯狂的事情。"

"可能你需要重新陪同客户参加各种商会。"奥拉建议道。

"说得没错。"蒂姆·迪兹说道，在他的全息笔记本上快速地记下笔记。

"你要确保在商会上找到合适的位置。"麦克补充道。

"什么位置？"

"在商会上，有两种角色供你选择：供应商和专家。如果你有展位，那你会被视为供应商，不过客户可能不会太多。如果你进行一场演讲，那你会被视为专家，这样你就会获得更多的潜在客户。"

"你还要确保一点：与会者必须是有钱人。"布鲁说道。

"否则，就不值得你大费周章了。"我补充道，"你可能会遇到很多人，但不是所有人都能买得起你的服务。"

"还有一点需要考虑，"麦克说道，"观察你目前客户的聚集情况。你的潜在客户是否聚集在一个地方？那个地方有水坑吗？他们有钱还是没钱？你必须坦诚回答这些问题。"

"我会的。"蒂姆·迪兹坚定地说道。

"如果你发现，你这一行没有水坑或者丰腴的猎物，那你就要考虑改变你的业务了。寻找新的聚集在水坑旁的丰腴猎物。如果有必要的话，你可以重新设计业务，改变产品或者服务，为新型客户提供价值。实在不行，你还可以改行。"

"这可是脱胎换骨啊。"蒂姆·迪兹说道。

"这只是一种可能。"麦克继续说道，"太多公司骑着自己的产品和服务来到悬崖边，还没来得及跳出或者改变方向，就已经掉下去了。他们太过依恋自己的产品了。"

"让我再重复一下你刚刚说的话，看看是不是这样的。"蒂姆·迪兹说道，"你刚刚说，我事业的成功取决于两件事：**第一，我的潜在客户要聚集成群。第二，他们要有钱。否则，我需要寻找新的客户，有必要的话，还要改行。**"

"完全正确。"麦克肯定地说道，"营销不只是涉及促销、广告和 SOLNET，还得将正确的元素组合在一起，而其中最重要的元素就是客户。关键在于他们是否容易获取，以及他们是否有能力来购买你所销售的东西。"

蒂姆·迪兹对这次讨论非常满意。水坑这一比喻对他以及他的团队来说都非常有用。蒂姆报告说，他的推销员现在更加关注高质量的客户群体。蒂姆再一次开始在商会上发表演讲，还结识了许多顶尖客户。他们的营销团队还加入了适合其理想客户形象的社交媒体群，退出了不太理想的群体，以寻找优质客户。与此同时，他们还停止与单个公司接洽业务，这为他们公司节省了不少时间和金钱。

最后，我们还是想知道如何利用水坑这一策略来对付我们的劲敌文斯·瓦波尔，他可是万恶之源。麦克的回答一如既往地慎重。"尽管文斯·瓦波尔是站在金字塔顶端的孤独悲伤的人，但他和我们一样渴望友谊。文斯·瓦波尔属于一个群体，我们要悄悄进入这一群体。"

"什么群体？"奥拉问道。

"现在先不告诉你，但你很快就能发现，很快。"话音刚落，麦克和佩波就消失在我们眼前，让我们再次困惑不已。

第十二章

果冻裤

第一次见到贾思明·里尔（Jasmine Real）时，我们感到很震惊。尽管她拥有一家名为"开心店铺"（The Happy Store）的公司，但她看起来一点也不开心。她的脸上布满忧虑，声音听着也有些紧张忧郁。

"每个人都喜欢开心的事情，"贾思明一边带领我们参观她在 SOLNET 上的旗舰店，一边说道，"我们是第一家围绕'开心'这一理念成立的公司，但如今陆续出现了几十家山寨开心店。"

"你的开心店铺销售什么产品？"奥拉问道，发觉贾思明有些沮丧。

"我们出售泰迪熊、巧克力棒、小狗、小猫和棒棒糖等让你开心的东西。我们还提供按摩服务、教授冥想技巧、组织游船活动等一切能让你开心的事。"

"这是一个相当宽泛的领域，我指的是开心，"布鲁说道，"那你几乎可以卖任何东西。"

"对，"贾思明回答道，"我们就是想让人们开心起来。"

"那你目前面临的主要问题是什么呢？"拉姆问道，"就算我是个机器人，我也能看得出来，你好像不太开心。"

"我说过，我们面临许多竞争对手，这就已经够糟糕了。雪上加霜的是现在我们的网络营销效益也不断下滑。我们曾经在 SOLNET 上的点击率很高，如今却迷失在这场混乱的竞争之中。竞争不仅仅来自其他的开心商店，还来自所有 SOLNET 上的营销公司。我们在众多商铺的营销竞争中处于下风。"

"这个问题不足为奇，"麦克说道，"SOLNET 为打广告和跟踪广告效果提供了很多便利，从而也增加了广告量。其结果就是，广告太多，大多数广告商效益不佳。文斯·瓦波尔却是唯一的大赢家，因为无论如何，他都能从中获利。"

一提到文斯·瓦波尔，依偎在麦克脚边的佩波立刻抓狂起来，龇牙咧嘴。

"很明显，佩波不太喜欢文斯·瓦波尔，"贾思明说道，"我猜，没人会喜欢他吧。"

"我们确实不太喜欢他。"奥拉附和道。

布鲁问麦克："你觉得贾思明该怎么做才能使开心店铺获得更多关注？"

"我们现在需要**创造一个模因**。"麦克说道。

"模因是什么？"贾思明问道。

"**模因是一种以病毒式传播方式为特点的文化符号或概念，**"麦克解释道，"它可以是一个想法、一张照片或一个视频，它捕获了SOLNET用户的想法，然后这些用户重新塑造它并将其转换为他们自己的想法，再将它传播出去。它通常是一个很有趣的东西，这也是它能传播开来的原因。"

"我不太明白你的意思，"贾思明说道，"那么模因将如何帮助我们推广开心店铺呢？"

"SOLNET上的常规广告或帖子都很无聊，大多数人会忽略它们。模因比广告强大之处在于，它能让人们参与其中。人们会创造自己的模因，并乐在其中。如果方式正确，模因就会带领你的公司重获成功。"

"听起来不错。"贾思明碧绿的眼睛放出光芒。

"最重要的是，模因不需要任何成本。"

"太棒了。"贾思明说。

"我们可以为开心店铺创造哪些模因呢？"布鲁问道。

"让我们发挥想象吧。"麦克说道。

接下来的 2 个小时里，我们集思广益，提出了几十种想法，就在我们打算休息的时候，一个能风靡 SOLNET 的想法诞生了：果冻裤。

贾思明起初对这个想法半信半疑。"太荒谬了，"她说，"我无法想象把果冻裤放在 SOLNET 上会是什么样子。"

"完美的模因往往是荒谬的，"麦克说道，"在如今的市场上，你必须用一些怪招、奇招，因为乏味无趣足以打垮一个公司。你需要抓住机会。"

"我同意，"我附和道，"在写《如何卖龙虾》这本书时我就明白了这个道理。尽管这本书的名字很奇怪，但它确实吸引了人们的眼球。"

"比尔，你可以写一部续集，"奥拉说，"命名为《龙虾归来》(*Return Of The Lobster*) 怎么样？"

"好主意，"我回答道，"我会考虑的。"

"言归正传。贾思明，麦克是对的，你可以大胆尝试，放开手做吧。"

经过一番劝说，贾思明最终答应用果冻裤作为模因。每个人都很兴奋，佩波也开心起来。

果冻裤到底是什么呢？

它是一种带有薄果冻里衬的裤子。当你穿上时，心情就会变得很好。果冻包裹着整个下半身。无论站着、坐着或躺着，裤子里的果冻就像是在为你一直做按摩。

"我们当真要制作这种果冻裤吗？"拉姆问道。

"不，"麦克回答道，"果冻裤仅仅是一个想法，不是产品。"

"既然果冻裤不是产品，那又如何穿上它呢？"

"果冻裤这类的模因是一种无形的理念。完全没有必要制作出真正的果冻裤。这仅仅是一个想法，这个想法会在人们之间迅速传播开来，因此走红的希望很大。"

"我似懂非懂，但很好奇。"布鲁承认道。

"我们首先要做的是发布一篇关于果冻裤的帖子，并配有一张穿着果冻裤的人的照片，这个人说：'我一穿上果冻裤，就感觉……'"

"感觉什么？"贾思明问道。

"这部分由参与者自己填写。比如，他们可能会写：'我一穿上果冻裤，就感觉在做一个花生酱三明治。'"

"我一穿上果冻裤，就感觉在竞选国会议员。"我说道。

"我也想到一个，"奥拉说，"我一穿上果冻裤，就感觉想辞职。"

"你们已经掌握了其中的奥秘，"麦克说，"这样会变得越来越有趣。每个人都想加入这场游戏。"

"那么我们应该怎样开始呢？"贾思明问道。

"发布 6 个版本的果冻裤模因，为每个版本配上不同的人物和标题。然后将它们发送给你 SOLNET 上的朋友。鼓励人们制作自己的版本，持续更新 SOLNET 上果冻裤的帖子，直到它火起来。"

果不其然，果冻裤这个古怪模因很受欢迎。人们认为果冻裤十分滑稽。原始帖子被分享了 1 亿多次。人们创建了 10000 多种不同版本的果冻裤模因。"我的果冻裤"这一话题在 SOLNET 的微博 Slitter 上大火。

人们认为贾思明和开心店铺是果冻裤现象的创造者。数以百万计的新客户访问了 SOLNET 上的开心店铺。贾思明是一位名副其实的企业家，她很快抓住商机并推出了全套系列的果冻裤产品：果冻裤 T 恤、帽子、手提袋和餐巾纸。贾思明的丈夫罗德里克斯（Rodriquez）是一名舞蹈教师，他还发明了一种新的果冻裤舞步。

"但是真正的果冻裤呢？"拉姆问道，"她没做果冻裤吗？"

"没有，"麦克说道，"果冻裤只是一个想法，而非产品。"

"我实在不懂，"拉姆说道，"你们人类真的很奇怪。"

"其实穿果冻裤还不如幻想果冻裤。我的意思是，真正的果冻裤还要麻烦一些，你得把它洗干净，还要防止它漏果冻。"

"真是太奇怪了。"拉姆无奈地说道。

"我们还不算大功告成，"麦克说道，"我们还需要**创建一个反模因。**"

"反模因？那是什么？"奥拉问道。

"布丁裤。果冻裤的对手。"

"麦克，你现在已经偏离主题了，"布鲁说道，"你疯了吗？"

"我清醒得很，布丁裤是果冻裤的竞争品牌，模因将显示：'我一穿上布丁裤，就感觉难过，因为……'

"因为我浑身起鸡皮疙瘩。

"因为我不能每天都穿我的果冻裤。

"因为妈妈不再做甜点了。

"我们还可以举办一场辩论赛。主题为'你更喜欢哪个？果冻裤还是布丁裤？'"

结果再次证明，麦克是对的。反模因布丁裤为贾思明的营销活动锦上添花。现在顾客也会询问布丁裤，所以她在开心店铺开设了一个布丁裤专区，满足了顾客的需求。

贾思明欣喜若狂，但同时也困惑不已。她召开了一次会议，与我们讨论为什么果冻裤和布丁裤这样的模因会带来如此好的效果。

"简直太疯狂了，"贾思明说，"我从未想过如此另类的点子竟会奏效。老实说，我从没想过我会做这样的事。"

"在今天的经济中，能创造价值的往往是过去看起来荒谬的东西。"麦克说道。

"太荒谬了。"拉姆说道。

"是的，但它确实有用。"麦克反驳道，"它之所以奏效，是因为它提供了娱乐和情感价值。果冻裤不仅让人发笑，**人们还可以彼此分享乐趣，参与创作模因。这让他们体会到自己与文化社区紧密相连。**"

"文化社区？"

"是的，现在人们总是感到孤独和孤立。SOLNET 无法满足他们对社区感的渴望。因此，果冻裤这样的模因让他们感觉与社区紧密相连。尽管这不能替代现实生活中的联系，但正如我们之前所讨论的，模因确实在这方面给人们带来了安慰。"

"我们能一直使用果冻裤和布丁裤吗？"贾思明问道，"他们会过时吗？"

"会的，但如果我们不断发展这个笑话，它就不会过时。例如，我们可以创建一个名为果冻裤的乐队，为贵宾犬推出一系列布丁裤。我们可以借此讽刺政客和名人，问他们穿什么裤子：果冻裤还是布丁裤。这样就能不断地把这个笑话延伸下去。"

果冻裤无疑很成功。贾思明十分高兴，果冻裤这个模因让她的商店出了名，销售额飙升。

当然，我们想知道，果冻裤这样的模因是否有助于我们诱骗文斯·瓦波尔。所以我们询问了麦克。

"会的，"麦克调皮地说，"我们将使用模因让文斯·瓦波尔头脑短路，分散他的注意力，从而打入瓦波尔总部。"

"我已经迫不及待地想知道结果了。"我说道。

"我也是。"奥拉附和道。

"汪，汪！"佩波吠道。

第十三章

岔路口

"你能分辨出我俩谁是克隆人吗？"海里克斯·克里克兰（Helix Crickland）问麦克，"是我，还是我哥哥查尔斯（Charles）？"

"我不知道，"麦克从上到下打量了一番这两人之后，说，"你们的外表和说话方式都一模一样。"

"是的，"查尔斯·克里克兰说，"我们是彼此的完美复制品。"

"你俩到底谁是克隆人？"拉姆问道。

"这个不能说，"海里克斯回答，"这是商业机密。我们本人就是我们公司的最佳广告。我们公司叫移接基因公司（Splice DNA Inc.）。我们公司承接的基因业务十分广泛，包括克隆、移接基因及复活灭绝物种。"

"复活灭绝物种是什么？"奥拉问道。

"复活已经灭绝的物种。在过去的 10 年里，我们已经复活了塔斯马尼亚虎、旅鸽、猛犸象和其他 100 多种已经灭绝的物种。"查尔斯说道。

"还有渡渡鸟，"海里克斯补充道，"它让我们赢得了许多关注。"

"真是太神奇了，你们竟然复活了这些物种，"布鲁说道，"这给人们带来了希望。"

"是的，但我们在取得辉煌成绩的同时，也陷入了困境。我们从未打算通过复活灭绝的物种来获利，它仅仅是我们回馈世界的方式。我们靠定制基因设计赚钱。"

"具体是如何运作的？"我问道。

"我们做了两件过去无法完成的事。第一，你可以定制设计你的宝宝。我们将根据你想要的样子来设计宝宝的基因蓝图。高矮胖瘦和眼睛的颜色都可以定制。我们还可以定制他们未来的职业，如运动员或计算机程序员。"

"我不太赞同这个想法，"奥拉说道，"它似乎不太对。"

"一开始我们也很犹豫，"查尔斯说道，"但后面我们发现，就算我们不做，其他公司也会做，而我们能做得更合乎伦理。"

"什么意思？"奥拉问道。

　　"大多数基因公司没有顾忌，"海里克斯说道，"例如，道奇·瓦波尔创立了瓦波尔产业（Vapour Industries），他们经营着基因连锁超市。要知道，他们是世界领先的基因公司。"

　　"我怎么不知道文斯·瓦波尔还拥有基因超市，"布鲁惊讶地说道，"他们拥有了一切。"

　　"他们不是好人，"海里克斯说道，"他们出售未经测试的劣等基因移接产品和编码，曾出现过一些严重的基因事故。"

　　"我从没听说过。"布鲁说道。

　　"那是因为文斯·瓦波尔贿赂了政客。基因监管组织（Genetic Regulatory Organization）为他们撑腰，帮他们解决了所有的问题，甚至还解决了去年的人类蜈蚣灾难。"

　　"发生了什么事？"麦克问道。

　　"他们不小心将蜈蚣基因植入了好莱坞明星（Hollywood Star）产品。结果出生的一千个婴儿长得并不像电影童星，反倒是长得像蜈蚣。然而，文斯·瓦波尔出钱掩盖了这件事儿，所以新闻上从未播报过。"

　　"太可怕了。"奥拉说道。

　　"确实如此，所以我们想提供更合乎伦理的基因产品。我们使用三重质检流程，比基因监管组织的要求严格3倍。因此，我们从未出现过基因事故，取得了100%的成功率。"

"你提到第二件事是什么？"拉姆问道。

"我们帮助人们重新设计他们的基因蓝图，如果你想改变肤色或提高智商，我们都可以帮你实现。我们还可以让你看起来年轻几十岁。"

"就像基因超市里的人类升级（Human Upgrader）产品，"我说道，"我正在考虑是否要买。"

"千万别买，"海里克斯说道，"他们的产品质量低下，充斥着不合格的基因编码。尽管他们完全不合规，但他们买通了基因监管组织的检查员。"

"那你的营销问题是什么？"布鲁问道。

"我们希望人们意识到，我们的基因产品优于基因超市里的。希望人们选择我们并支付更高的费用，因为我们产品的质量更好。"

"那你做了什么呢？"布鲁问道。

"我们告诉他们，我们有一个更好的流程来设计你的宝宝和一个崭新的你。这就是我们所说的两种产品：优生计划（The Better Baby For You）和重生计划（The New You Experience）。"

"听起来很吸引人，"拉姆说道，"我喜欢这些名字。"

"是的，但品牌推广没能解决问题，因为人们不了解质量上的差异，这对他们来说太复杂了。他们无法了解先进基因工程的详细信息，看到的只是基因超市里那些廉价的产品，所以他们在那里购买。"

"结果就买到了蜈蚣宝宝。"布鲁说道，奥拉又瞪了他一眼。

"我们还应该做些什么，麦克？"查尔斯问道，"几乎什么办法都试过了。"

"你需要使用岔路口策略。"麦克毫不犹豫地说。

"那是什么？"海里克斯问道，饶有兴趣地凑过去。

"你目前试图利用销售产品的特征来展现自己的亮点，告诉潜在客户你的产品更好、质量更高。但由于大多数客户对基因工程缺乏了解，无法理解其中的差别，因此他们选择了低价的产品。"

"情况就是这样。"查尔斯说道。

"这就是为什么在向潜在客户推销东西之前，首先要教授他们知识。之前我们讲的'教授－指导－销售'策略也提到过这一点。"

"这个概念非常有用。"海里克斯同意。

"教授潜在客户的最好方法之一就是像这样思考问题。"麦克继续说道，"想象一下，你正站在一个岔路口，面对着即将到来的大批潜在客户。他们从你身边经过时，大多数人会选择岔路口左边的那条路，我们称之为错误的道路。岔路口右边的那条路才是正确的道路，但只有极少数人选择这条路。"

"很有趣，"查尔斯说道，"你继续讲。"

"大多数人选择了错误的道路，是因为它更有吸引力，它是下坡，所以走起来更容易。后面的人发现前面大多数人都是这样走，所以他们也跟着走。真正可悲的是，数十家公司敦促客户不断前进，为他们提供产品和服务，来铺平这条错误的路。"

"为什么那条路是错误的？"海里克斯挠着自己的超大天才脑袋问道。

"问得好。因为顺着这条路走，转过一个弯儿，就是悬崖。如果一直走，最终就会掉下悬崖。"

"但为什么这些公司都怂恿人们走错路呢？"奥拉问道，"这不是缺德吗？"

"是的。但是只要有利可图，他们就有动力敦促人们走错路。"

"我一直在研究人类称之为道德的概念，"拉姆说道，"似乎多数人都不够重视它。"

"很不幸，事实就是这么可悲。"麦克说道，"这就是为什么文斯·瓦波尔说他的首要规则就是：不管以什么方式赚钱，赚到钱才是最重要的。"

"但我们不是这么想的。"海里克斯说道。

"没错，所以你们的首要任务是去阻止人们走那条错误的道路。"

"我们应该怎么做？"查尔斯问道。

"我们需要给这一问题命名。"

"给问题取名字？"

"对，我们需要给它起个名字，比如脚趾真菌综合征。"

"脚趾真菌是什么？"海里克斯问道。

"只是举例而已，"我说道，"有一次，我正飞越 SOLNET 空域，突然看到一片橙色的云朵上悬挂着一条广告。广告上写着：'你有脚趾真菌吗？'过去我从未听说过脚趾真菌，但这条广告让我心里总是在纠结这件事。当天晚上，就要离开 SOLNET 时，我把我的脚趾仔细检查了一番。尽管我认为我的脚趾肯定不会有真菌，保险起见，我还是买了他们的药膏涂了一下。现在我每周涂一次药膏，防止真的染上脚趾真菌。"

"你想说什么？是关于我们的脚趾吗？"

海里克斯和查尔斯这两位诺贝尔奖得主竟然无法理解这个比喻，麦克在接下来的讲话中，继续用到了这个比喻。

"脚趾真菌只是一个例子，用于说明你们如何利用岔路口策略去警示人们不要走错路。广告本可以告诉我药膏的药效，但它却引导我担心一个过去从未想过的问题——脚趾真菌，从而实现了更好的效果。"

"我懂了，"查尔斯灵光一现地说道，"我们首先要让潜在客户搞清楚一个像脚趾真菌这样的问题。"

"没错。"

"我们要帮助人们规避的问题是什么？"海里克斯大声问道。

"你说过，如果人们在基因超市这样的地方进行廉价的地下交易，他们最终会遭遇基因灾难。"

"没错。"海里克斯说道。

"所以我们应该警示他们，这条错误道路的尽头是悬崖。"

"我明白了。"查尔斯说道，"但给它取个什么名字好呢，我们需要一个像脚趾真菌那样花哨的名字。"

"人类蜈蚣陷阱怎么样？"我建议。

"听起来有点儿疯狂，"海里克斯回应道，"我认为这个名字应该更体面一点。毕竟，作为诺贝尔奖得主，我们不能逢人就说蜈蚣吧。"

"我反对，"麦克坚定地说，"这不仅关系到你们，更关系到人们能否接收到这个信息。他们的宝宝或他们自己会变成蜈蚣这一表述，肯定能发挥更好的警示作用。"

"你是对的，"查尔斯说道，"我们必须要做一些疯狂的事情。"

"岔路口策略的首要任务是吸引走在错误道路上的人们的眼球。这并不容易，因为他们正走得起劲。所以我们需要做点什么，甚至是一些疯狂的事情，他们才会停下脚步。"

"或许我们可以用一张蜈蚣大图，上面写着：'不要落入人类蜈蚣陷阱。'"布鲁建议。

"接下来他们就会问：什么是人类蜈蚣陷阱？"海里克斯说道，他十分自豪，因为自己已经掌握了这个概念。

"当他们停下来询问时，我们就可以解释走上这条错误道路的问题和危险。"查尔斯补充道。

"接下来，我们就有机会引导他们走上正确的道路。"海里克斯说道。

"正确的道路是什么？"奥拉问道。

"那就是你们用来确保人们最终不会变成蜈蚣的三重质

检方法。"麦克说道。

"三重质检方法。我喜欢它。"海里克斯说道，脸上露出一丝深邃的神情。

"现在人们可以做出选择。"我说道，"要么走错误的道路，结局是像蜈蚣；要么走正确的道路，最终像超人，或是任何他们想成为的人。"

"这听起来太简单了。"海里克斯说道。

"想要事情变得简单，需要费很多工夫。"麦克说道，"每个人都可以讲复杂的故事，但依然无法阻止人们走错误的道路。文斯·瓦波尔这类人希望他们的潜在客户更加迷茫困惑、愚昧无知，从而帮助他们在别人错误的道路上大发横财。"

岔路口战略鼓舞了查尔斯和海里克斯。他们开始向潜在客户讲述人类蜈蚣陷阱这个事件。这令人发怵的故事震慑住了他们，他们完全不想在基因超市设计他们自己和宝宝了。

随后，查尔斯和海里克斯顺势介绍他们的三重质检方法，确保客户不会生下蜈蚣宝宝或让自己变成蜈蚣。这个简单的解释让潜在客户对未来更有信心，同时也证明了查尔斯和海里克斯的高收费是合理的。

了解到文斯·瓦波尔的蜈蚣制造案之后，我们询问麦克，如何将岔路口策略渗透到瓦波尔总部，这是我们一直以来为之奋斗的使命。

"我们必须关停瓦波尔的所有公司，不单单是 SOLNET，"我说道，"他们到处做坏事。"

"是的，要做到这一点，我们需要巧妙的方式。"麦克说道，"我们必须向文斯·瓦波尔、他的家人和他的'粉丝'们表明，他们走错了路，前方等待他们的是悬崖。或许他们会主动放弃他们的卑鄙行径。"

"我们该怎么做？"布鲁问道。

"所有奥秘尽在龙虾之道中。"麦克说完就退出了 SOLNET，让我们再次摸不着头脑。

第十四章

圆顶帐篷

在水流湍急的现金河（Cash River）边，有一顶隐蔽在低垂雪松下的圆顶帐篷，那是麦克的家，我们在里面和他见面。进入帐篷后，我们坐在紫色的垫子上，麦克向我们讲述了打倒卑鄙的文斯·瓦波尔和他的团队的策略。

"我们将采用企业家营销的原则，"麦克开始讲述他的龙虾之道，"时间证明，这些基本的营销原则行之有效，无论是过去还是现在。不过多数人已经遗忘了这些原则，或一开始就没有学习过它们。"

想到即将执行终极计划，奥拉、布鲁、拉姆和我都兴奋不已。麦克一直以来对他的策略都讳莫如深，对此我们都迷惑不解，但我们始终对他的智慧充满信心。

创意犬佩波却不太感兴趣，蜷缩着睡在主人脚边的硬木地板上，幻想着狗狗的冒险之旅。不时会发出轻微的叫声，也可能是紧张不安的鼾声。

"这些原则是什么？"布鲁问道。

"第一个原则是**让营销针对客户，而不是自己**，"麦克说道，"这一点至关重要。"

"这一点不言而喻。"奥拉说道。

"当然是这样，但大多数公司都是这样做的吗？他们的营销是否只针对客户而不是自己？"

"我猜不是。"奥拉若有所思地说。

"他们怎么做的？"

"他们只针对自己，"她说，"仅关注产品和服务。"

"确实如此，但这样有什么问题？"

"因为客户不在乎你。"布鲁说道。

"那他们在乎什么？"拉姆问道。

"他们在乎你能为他们提供什么价值，"布鲁回答道，"客户只在乎你为他们考虑的那部分。"

"不错，"麦克说道，"客户想知道你是否在意他们，是否了解他们的问题和需求，而不是自私自利，只想着自己。"

"那么我们如何将这一原则付诸行动呢？"我问道，"尤其是用来对付文斯·瓦波尔？"

"要想击败文斯·瓦波尔，我们需要换位思考，"麦克说道，"去了解他的内心世界和想法。了解他的所想所感非常重要。"

"为什么？"拉姆问道，"我总是搞不明白你们人类的情感。"

"营销的另一个原则：**驱使人们买东西的是情感而不是理智。**"麦克继续说道。

"你确定吗？"布鲁说道，"我觉得我大部分决定都是理性的。"

"这只是你的个人想法，"奥拉毫不掩饰她的鄙视，"但我能感觉到你投入了大量的情感在里面，只是你自己没意识到而已。"

"所以在你身边多么可怕，"布鲁生气地说，"什么都逃不过你的眼睛。"

"伙计们，冷静，"麦克说道，"这里的第一条规矩是不能打架。"

"好的。"布鲁同意，"但我们如何了解文斯·瓦波尔的感受呢？氧气面罩遮挡着他的脸，我们无法看到他的表情。"

"我想文斯·瓦波尔和我们有同样的情感，"奥拉说道，"即使亿万富翁也有情感。"

"他的情感是什么？"拉姆急切地问道，它的显示器闪烁着黄灯，说明它饶有兴趣，又疑惑不已。

"作为他的前任营销教练，我非常了解文斯·瓦波尔。他很自卑，曾经被父亲无情批评，还遭受校园霸凌，这给文斯·瓦波尔带来了巨大的伤害。"

"这对我们有什么帮助？"布鲁问道。

"一旦对潜在客户做了情感分析，就可以更好地判断用什么吸引他们。务必记住，**人们买的是创意，而不是产品和服务。最好的创意是能够弥补人们情感缺失的创意。**"

"比如？"我问。

"如果文斯·瓦波尔感到自卑，我们就可以用能让他自信的东西吸引他。例如，文斯喜欢被人们追捧。他痴迷于他真人秀节目的收视率，渴望人们的爱。"

"嗯，人们可不太喜欢他，"拉姆翻阅着一些数据说道，"最新的大数据分析表明，他的好评率只有 20% 左右。"

"我讨厌他，"奥拉说道，"我知道我们不应该怨恨任何人，但我无法控制自己。他太可恶了，十恶不赦。"

"是的，我们都知道你对文斯·瓦波尔的看法，"麦克说道，"但我们需要对付他，恨他无法解决问题。我们需要了解他的病因，然后治愈他。"

"为他治病？绝不可能！"奥拉难以置信地说道，"他是个恶魔！"

"没有人无可救药，"麦克坚定地说道，"即使是文斯·瓦波尔。"

"好吧，那你有什么打算？"

"首先，我们应该密切关注文斯·瓦波尔，记住他的想法和他的感受。接着我们将使用营销的另一关键原则：**弄清楚人们想要什么和需要什么，进而投其所好。**"

"我喜欢这个原则，"布鲁说道，"它很有意义。"

"是的，但大多数公司是这样做的吗？"

"不。他们选择一种产品或服务，然后去销售。如果他们卖自行车，他们就只是卖自行车。他们未曾想要去发现人们真正想要和需要的东西，仅仅想让人们买自行车而已。"

"少数公司将这一原则用得很好，"我补充道，"我遇到过一些企业家，他们乐于接受新的创意。但最初，他们中的大多数人，都执着于自己的产品。我称之为产品第一陷阱。"

"那么我们如何将这一原则用到文斯·瓦波尔身上？"拉姆问道。

"鉴于我们对他的评价——他感到自卑，渴望得到认可——那么他想要什么？需要什么？"

"他想变得或感觉到更受欢迎。"奥拉说道。

"没错，"麦克回应道，"他所需所想的就是受欢迎。'感觉'这个词很重要。更受欢迎是一回事，感觉更受欢迎是另一回事。"

"他想得到爱。"奥拉补充道。

"是的，文斯·瓦波尔渴望爱，"麦克说道，"事实上，这就是问题所在。文斯不爱自己，所以他猛烈抨击他人。他将对自己的仇恨投射到他人身上。所以我们需要治愈他。如果我们能帮助他学会自爱，甚至可以不用安装道德控制芯片。"

"但我们仍然没有计划，"布鲁说道，"计划是什么？"

"这就引出了下一个原则：不断推销新事物。"

"为什么？"拉姆问道。

"因为新事物会引起关注。旧事物枯燥乏味，新事物能引起人的兴趣。"

"我想这就是人们不断为我升级操作系统的缘故吧，"拉姆说道，"我不喜欢这样，当他们给我升级时，总会出现新的错误。这对我的中央处理器非常不好。"拉姆暗示它想罢工。

"是的，但新事物通常被认为更好。"麦克继续说道，"过去，新事物被认为是冒险的，而久经考验的东西更好。但今天，技术发展转变了我们的看法，人们认为新事物更好。"

"因此，新事物不仅会受到更多的关注，而且还会被视为一种改进。"布鲁说道。

"正因为如此，我们才需要一个新的创意让文斯·瓦波尔成为我们的客户。"麦克说道。

"让他成为我们的客户？"奥拉厌恶地说道，"为什么要让他成为我们的客户？"

"这样我们就可以进入瓦波尔总部了。"

"继而接触到 SOLNET 母机，"布鲁补充道，"我明白了。"

"但万一他在 SOLNET 上和我们见面呢？"我问道。

"我们可以告诉他，我们的创意只对真人有效，不适用于虚拟现实。"麦克说道。

"我们的创意是什么？"

此时，佩波也完全清醒过来。它精神饱满，围着圆顶帐篷蹦蹦跳跳，眼睛也闪闪发光。

"我们可以将它称为'人气提升计划'，"麦克说道，"该计划将一步步让你的人气翻三倍，最后荣登人气榜首。"

"我们该怎么做？"布鲁问道。

"记住，它是一个意图，不是一个承诺。我们会努力帮助文斯·瓦波尔将他的人气提高三倍，但我们不能保证这一点。"

"我们需要做什么？"布鲁问道。

"我们会教授文斯·瓦波尔新的龙虾策略，希望他能从中意识到自己的错误，转而去拥抱更高尚的生活，"麦克满怀希望地说，"我知道这很难实现，但它可以让我们接触到SOLNET母机。"

"但我们如何让文斯·瓦波尔参与到这个计划中呢？"

"这正是我所思考的，"麦克说道，"文斯是亿万富翁舞会组委会（Billionaire Ball Council）的主席，他们每年都会举办亿万慈善舞会。我去缅甸之前，文斯给了我名誉会员的称号，这意味着我可以参加两周后举办的舞会。在舞会上，我将告诉文斯·瓦波尔我们的计划，并为他提供免费服务。"

"这个免费服务是什么？"

"我建议举办一次免费的人气策划会议，我们和他的家人将共同参与此次会议。"

"我们共处一室？在现实中，而不是SOLNET上？"奥拉惊恐地问道。

"是的，我们会和现实中的文斯、提阿娜和道奇会面，甚至带上佩波。这次会议能让我们实地勘察环境，找到接近SOLNET母机的机会。"

"这段时间我们该做什么？"我问。

"在与文斯·瓦波尔会面前，我们还有许多龙虾之道要学。"麦克说道，"接下来，我们将学习游戏化。"

"什么是游戏化？"拉姆问道。

"暂时不能告诉你，只能透露一点：它与现金河有关。"

我们走出圆顶帐篷，外面夜幕已降临，麦克的话也再次让我们陷入了沉思。

第十五章

视觉游戏

"眼睛的福音"（The Eye's Have It）是一家连锁验光诊所，该诊所的创始人罗德·科内（Rod Cone）博士哀叹道："大多数人都不重视自己的眼睛，他们应该每年来检查眼睛，但他们完全不重视。当发现自己的眼睛出现问题时，早已错过治疗时间。一些人甚至会失明。"

"可以给他们发送消息，提醒一下他们。"奥拉建议。

"我们发过，"科内博士回答，"但他们大多数人依然不会约诊。他们要么没有计划，要么太忙了，还有的就是拖着。"

"这种现象十分普遍，"麦克说道，"多数人不能照顾好自己，所以我们需要助推他们。"

"什么是助推？"拉姆问道。

"助推是行为经济学中的术语，出自理查德·塞勒（Richard Thaler）的著作。他凭借在这一领域的突出贡献，荣获了诺贝尔经济学奖。

"塞勒认为，**我们需要做一些譬如助推这样的小事，让人们去做能够满足他们最大利益的大事。**"

"你可以举个例子吗？"布鲁问道。

"比如，多数人不愿意为未来存钱。他们知道这样做是对的，但他们更愿意在当下花钱，这时就需要助推他们。就拿退休来说，如果让员工主动为退休存钱，多数人不愿意这样做。但如果我们先将他们纳入退休储蓄计划，并给予他们退出的权利，大多数人就会留在计划里。这就是助推，它让大多数员工为退休存钱。"

"这不就是操纵吗？"奥拉愤愤不平地说道。

"这完全取决于你的意图。如果意图是坏的，那就是操纵；如果意图是好的，那就是助推。"

"听起来有些牵强。"奥拉半信半疑地说。

"这就是为什么营销是个棘手的活儿。在文斯·瓦波尔手中，助推这一概念意味着危险；而在品德高尚的人手中，助推就可以帮助他们成就自己。"

"我明白了，"奥拉说道，"**营销本无好坏之分，关键在于如何使用它。**"

"没错。"

"那我们到底如何利用助推让人们预约年度检查呢？"科内博士问道。

"将之游戏化。"麦克说道。

"什么是游戏化？"布鲁问道。

游戏化是一个新的营销领域。你把营销变成一场游戏，你的客户参与游戏，如果他们做对了，就可以获得分数，也可以让他们互相竞争，激发他们更多的期望行为。这种做法将助推理念发挥得淋漓尽致。

"好主意，"科内博士说道，"验光师该如何运用它呢？"

"让我们集思广益吧。"麦克建议。

在接下来的 2 个小时里，我们用助推和游戏化策略构思出一个创意。我们创建了一款名为"20/20"的视觉游戏（The 20/20 Vision Game），游戏的目的是通过预约验光师和完成护眼训练来累积积分、提升等级。

想要它运作起来，麦克强调，玩家必须有强烈的参与动机。他们可以从中赢得大奖，还可以看到自己的级别在不断提高。

"有的人想赢大奖，有的人想赢过别人。当然，还有一些人仅仅是为了行善积德，但这样的人太少了。"

"你简直就是愤世嫉俗，"布鲁说道，"你看不起人。"

"我一点也没有，"麦克说道，"行为经济学给我们上了有关人性的重要一课。即使人们抱着好的意图，或基于理性做事，他们也可能什么都不会去做。例如，你打算每天锻炼身体，但实际上，你却成天窝在沙发里。你没去健身房，而是登录 SOLNET。"

"你肯定也是这种人，"布鲁说，"上 SOLNET 太多，锻炼太少。"

"这就是为什么即使是做正确的事，人们也需要助推。"

"我喜欢 20/20 视觉游戏，"科内博士说道，"我们应尽快推出这款游戏，因为我们还有一个大问题。"

"什么问题？"拉姆问道。

"一种名为 SRD 的新型眼病已经浮出水面，SRD 的全称是 SOLNET 视网膜恶化（SOLNET Retinal Degeneration）。这是由于持续使用 SOLNET 虚拟现实头盔造成的，头盔发出的光会逐渐损害视网膜。如果不及时治疗，就会失明。"

"我们怎么没听说过？"奥拉问道。

"文斯·瓦波尔禁止在 SOLNET 上发布一切有关 SRD 的信息。如今每个人都从 SOLNET 上获取新闻，所以他们根本不会知道。"

"文斯·瓦波尔真是坏到无底线。"布鲁绝望地说。

"是的。但如果我们开启这个游戏，它将迅速传播开来，我们就可以绕过文斯·瓦波尔的禁令，"麦克说道，"关于SRD的知识将在人们之间传播。"

"再说说游戏化，"布鲁说道，"为什么它的效果这么好？"

"游戏化十分有趣，所以它会引发新的积极行为。人们不会感到自己被推销了任何东西，而仅仅是沉浸在快乐的游戏之中。当前这个时代，如果你不能让客户感到愉悦，他们就会去另一个能让他们感到愉悦的地方。"

"这就是SOLNET上的飞猫如此火爆的原因，"布鲁说道，"人们喜欢和猫一起飞行，它真的很有趣。"

"你注意到飞猫总是经过名牌店吗？"麦克问道，"因为广告商购买了飞猫的飞行路线。"

"我怎么不知道，"奥拉说道，"但这是有意义的。"

"现在你知道了。如今**最好的营销集助推、游戏化和娱乐于一身**。如果将这三者组合在一起，你将会有意想不到的收获。"

后来，科内博士报告说20/20视觉游戏取得了极大的成功。玩家数量成倍增长，预约量也随之增加。不仅如此，成千上万的人接受了SRD治疗。

科内博士说道："这款游戏让成千上万的人免于失明，顾客们还接受了许多其他眼部疾病的治疗。"

我们对自己的工作很满意，随后我们回到到现金河边的圆顶帐篷里，进一步讨论游戏化。

"游戏化是个极好的策略，"我说道，"但如果每个人都这样营销，还会有这样的效果吗？"

"人们对所有的龙虾之道都提出了这个问题，"麦克说道，"但它从来都不是问题。首先，大多数公司永远不会利用游戏化和其他龙虾之道。他们只会沿用基本的销售策略。所以如果你运用诸如游戏化这样的龙虾策略，你就会成为精英。"

"其次，即使每个人都使用游戏化策略（这不太可能），它仍然会生效。人生是一场有规律可循的游戏。有时会赢，有时会输。你玩得越多，玩得就越好。你会知道什么有效，什么无效。但即使你成为这方面的高手，生活中也会出现偶然事件。有时运气好，有时运气不好。所以，即使每家公司都使用游戏化策略，也只是拓展了生活中本已存在的东西而已。"

"众人皆玩家 ①。"拉姆说，"这是套用莎士比亚的话。"

"说得妙啊，拉姆。"麦克点了点头。

"顺便提一句，我收到了参加亿万富翁舞会的邀请，就在本周六。可以确定文斯·瓦波尔也会去。"

"舞会上的计划是什么？"我问道。

"我会让文斯·瓦波尔答应在他的总部开会，并且为他提供免费的'人人都爱上你'课程。"

"你觉得他会去吗？"布鲁问道。

"值得一试，15 年前他曾是我的客户。我想他将很有兴趣与我会面，我们之间有很多话谈。"

"舞会在 SOLNET 上举行吗？"拉姆问道。

"不，亿万富翁从不使用 SOLNET。事实上，文斯·瓦波尔也从未使用过它。"

"简直难以置信。"奥拉说道。

"事实就是这样。文斯·瓦波尔和他的亿万富翁朋友们十分清楚，SOLNET 就是一个思想控制平台。这也是他们不

---

① 原句是 "All the world's a stage, and all the men and women merely players"（世界皆舞台，众人皆演员），出自莎士比亚所著喜剧《皆大欢喜》。此处使用 "player" 的另一个含义——玩家。——编者注

允许家人使用 SOLNET 的原因。"

"太可怕了，"布鲁说道，"自 SOLNET 发布第一天起，我就一直在使用它。但我没有感觉到它在操控我的思想，我还是很正常。"

"这就是思想控制的阴险之处，"麦克说道，"当你的思想被控制时，自己却全然不知。"

"说得好，"布鲁若有所思地说，"也许我该戒掉 SOLNET。"

"是的，你可以好好考虑一下。"麦克温和地说。

"唯一的问题是我的生活离不开它。我所有的朋友都在上面。在 SOLNET 上，我有两处房产，还有 SOLNET 全套服装。除此之外，我还终身订阅了无限飞猫服务。"

"SOLNET 和其他让人上瘾的事物一样，"奥拉说道，"让人难以戒除的不仅仅是 SOLNET 本身，还有围绕它建立的整个结构。"

布鲁静静地坐在一旁，思考没有 SOLNET 的生活，然后说道："如果贸然关闭 SOLNET，就会导致一系列严重的后果。"

"所以我们应该谨慎行事，"麦克说道，"我们不能只在新年前夜强行关闭它，而是要帮助人们自行放弃它。"

"我们要怎么做？"布鲁问道。

"你会知道的，"麦克说道，"但我们首先得进入瓦波尔总部。接下来我会教你泡沫包装。"

我们带着惊讶离开了帐篷，麦克总是让我们好奇接下来发生的事。泡沫包装？这与市场营销又有什么关系？

第十六章

泡沫包装

"获得关注"和**"被记住"**是企业在商业竞争中的两个**关键目标**,麦克多次提醒我们这一点。他说,如果你无法鹤立鸡群,就没有人会关注你。他还补充说,如果之后客户想不起你,即使一开始他们关注过你也没有任何意义。

这是我们与一家名为"复兴"(Re-Vive)的灾后重建公司的创始人瑞秋·纳什(Rachel Nash)谈论的话题。瑞秋一头红发,充满活力,精力充沛。范艾伦辐射带(Van Allen Belt)[1]

---

[1] 范艾伦辐射带,指在地球附近的近层宇宙空间中包围着地球的高能粒子辐射带,主要由地磁场中捕获的高达几兆电子伏的电子以及高达几百兆电子伏的质子组成,其中只有很少百分比像O+这样的重粒子。范艾伦辐射带分为内外两层,内外层之间存在范艾伦带缝,缝中辐射很少。范艾伦辐射带将地球包围在中间。范艾伦带内的高能粒子对载人空间飞行器、卫星等都有一定危害,其内外带之间的缝隙则是辐射较少的安全地带。由美国物理学家詹姆斯·范艾伦于1958年发现并以他的名字命名。——译者注

的磁力转移将美国东海岸夷为平地，之后，她遂即投身这项事业。"复兴"公司已经重建了成千上万的民居、企业、桥梁和电力设施。

"范艾伦辐射带转移了磁极，我们却发了财，这实属发灾难财。"瑞秋告诉我们，"谁能想到 SOLNET 的服务器农场①的热磁脉冲会造成这么大的问题。"

"在这之前，我从未听说过范艾伦辐射带，"布鲁说道，"我们一直以来都认为环境变化是气候变化导致的，没有人关注范艾伦辐射带。"

"值得庆幸的是现在已经稳定了。"拉姆查询了最新数据后确切地告诉我们，"但随着越来越多的 SOLNET 服务器农场上线，磁力转移可能会再次发生。"

"又是文斯·瓦波尔搞的鬼。"奥拉刻薄地抨击道。

"我们却从这个问题以及飓风、龙卷风和自然火灾等其他各种灾难中赚了一大笔钱。"瑞秋说道。

"那你的营销问题是什么？"奥拉问道。

"我们的成功吸引了许多新公司进入这个行业，"瑞秋说

---

① 服务器农场（Server farm）或服务器集群（Server cluster）是计算机服务器的一个集合，通常被一个组织维护，所提供的服务器功能方面远远超过单个服务器的能力。——译者注

道，"现在的竞争相当激烈，这也是我们要在灾难恢复博览会（Disaster Recovery Expo）上展出的原因，这个博览会将于下个月在 SOLNET 上举行。虽然机会难得，但我们不想白白浪费钱。届时所有的竞争对手也会参展，我们需要一个别出心裁的创意才能脱颖而出。所以希望你们能帮我们出出主意。"

"这是我们的专长。"麦克说。

"那你认为我们应该在展会上做什么？"瑞秋问道。

"轮到泡沫包装出场了。"麦克一本正经地说道。

"泡沫包装？"瑞秋惊呼道，"你到底在说什么？"

"你需要**做一些古怪的事情来吸引展会上潜在客户的眼球，利用一个物体制造记忆点。**如果做对了，客户就永远不会忘记它。"

"什么物体？"

"比尔，你和瑞秋讲讲坦娅·安德伍德（Tanya Underwood）和泡沫包装的故事。"麦克说道。

"一天下午，一位名叫坦娅·安德伍德的女士打电话给我。她是新奥尔良的财务顾问，她需要一个宣传创意，来宣传她在奥斯卡颁奖典礼（Academy Awards）上的展台。"

"奥斯卡颁奖典礼？"瑞秋问道。

"奥斯卡颁奖典礼有一个展厅，里面会展出汽车、珠宝和衣服等物品。公司会把它们赠送给提名者，希望电影明星通过使用和穿戴它们来宣传这些产品。"

"我从未听说过。"瑞秋惊讶地说道。

"是啊，太疯狂了。如果你是名人，人们会免费送你东西，这就是出名的福利吧。然而，坦娅不知道赠送什么。'作为一名财务顾问，'她说，'我应该赠送什么好？'"

"考虑了几分钟后，我为她出了一个好主意，"我说，"我让她分发用泡沫纸包装起来的银币。"

"用泡沫纸包装的银币，感觉很奇怪。"瑞秋说道。

"当时坦娅也这样想，但我极力说服了她。我告诉她，当电影明星路过她的展位时，就把这个小包裹交给他们。她答应了。"

"接下来发生了什么？"奥拉问道。

"这个主意奏效了，当她分发时，明星们会问：'这是什么？'她说：'您是一位著名的电影明星，一定赚了很多钱，但钱拿在手里很不稳当，大多数电影明星最终都赔光了。所以我想帮助您，用泡沫纸来包装您的钱。因此，我创建了名人泡沫包装计划：保护您宝贵的钱。'"

"这很聪明，"瑞秋说道，"你确实成功引起了他们的注意。"

"这个主意也令人难忘。一两周后，当她联系这些名人时，他们起初并不记得她。但一提到泡沫纸女士，每个人都想起了她。"

"那她得到生意了吗？"瑞秋问道。

"她成功了。第一年她获得了7位一线明星客户。因为明星们认同她的想法，所以雇用了她。她说服了他们，要用泡沫纸保护宝贵的钱。"

"这个故事是运用物体营销的经典范例，"麦克说道，"**这个物体能引发人们的兴趣，当客户询问这个物体时，你可以趁机在他们脑中植入一个创意。**我们前面谈植入策略时也谈到过这一点。**该物体使创意具象化，使其更难忘。**"

"为什么使其更难忘了呢？"拉姆问道，"因为我能记住所有事情，所以我对你们人类能记住一些事情而忘记其他事情很感兴趣。"

"我们人类每天都会接收海量的信息，"麦克解释道，"我们无法处理每件事情，更别提记住它了。但我们可以借助一些单词、比喻或物体记住某些事情。因此，一提到泡沫纸包装的银币，明星们就会联想到坦娅和她讲的故事，即保护宝贵的钱。"

"这也因为泡沫纸包装钱这件事本就不同寻常，"我说道，"名人们刚开始会感到茫然，因此他们会特意腾出新的大脑空间来存储这些信息。"

"我也认为这项策略生效了，因为坦娅所做的一切都是围绕名人，"奥拉补充道，"她的故事与自己无关，只考虑名人遇到的问题。"

"这是营销的首要原则，"拉姆说道，"让营销针对客户，而不是自己。"

"你的记忆力太棒了，"布鲁说道，"但你是机器人，夸奖这个好像没有什么意义。"

"没关系，布鲁，"拉姆说道，"我天生储存能力惊人，不需要夸赞。"

为了不让拉姆和布鲁岔开话题，麦克马上将讨论拉回到瑞秋和她接下来的展会上。

"所以说在展会上使用物体营销是个好主意。"麦克说道。

"什么物体？"瑞秋问道。

"这一切都取决于要讲的故事。**你不能凭空选一个物体，它还必须符合你的前提和理念。**"

"那你有什么好主意？"瑞秋问道。

"首先我们需要在展会上推陈出新，你有新产品或服务吗？"

"当然有呀，我们一边专注于救灾，一边做灾难保护工作。我们会帮助房主加固他们的房屋，以便更好地抵御灾难。"

"不错。"

"我们把这项业务称为'生存'（Sur-Vive）服务，大家干劲十足。"

"好，现在，我们想一个与'生存'服务相关的物体。你能想到什么？"

"我能想到的都与保护某样东西免受破坏有关。"瑞秋说道。

"和泡沫包装类似吗？"布鲁高兴地说道。

"泡沫包装不错，"麦克说道，"但别人已经用过了，用别人用过的想法可不好。"

"要不头盔？"奥拉建议道，"头盔就是保护人的。"

"戴头盔的房子可以吗？"瑞秋提议。

"这很有趣，"麦克说道，"你的'生存'服务就好比是为房屋戴上头盔。"

"如果为房屋戴上头盔，它将更好地抵御下一场灾难。"我说道。

"好棒，"瑞秋兴奋地说，"人们肯定会想，我们为什么要为房屋戴上头盔。"

"这个想法不仅局限于物体本身，"麦克补充道，"你可以在展台上用，还可以用它做宣传图片。"

"这听起来很有趣，"瑞秋说道，"但展会是在 SOLNET 上举行的，我们只能提供虚拟物体，不能提供实物。这会影响效果吗？"

"要做两件事，"麦克说道，"首先为他们提供虚拟头盔房屋，然后快递给他们真正的头盔房屋。"

"快递？已经没人使用快递了。"瑞秋说道。

"所以它才令人难忘。**在虚拟世界中，发送真实和有形的东西会在客户脑海中留下深刻印象。**"

"这是你讲过的实体化营销。"布鲁说道。

"其关键在于打破常规。如果所有的人都选择数字化，我们就选择实体化。"

在会议上，瑞秋以头盔房屋为宣传点，她的团队成员都戴着头盔。他们给客户赠送虚拟头盔房屋，并在展出结束后通过快递发送真实的头盔房屋。后来他们跟进时，再一次提醒客户头盔房屋的概念。他们说："我们最新的'生存'服务就像为您的房子戴上头盔，能保护您和您的家人免受灾难的影响。"

"头盔房屋不亚于泡沫包装，"瑞秋告诉我们，"它成功吸引了人们的注意力，让人们对我们的做法产生好奇心，从而记住了它。"

我们为瑞秋成功的创意感到高兴。她表示会一直沿用，去拯救更多的生命。"头盔房屋这一物体促使人们自觉地保护自己的房屋。"她说道。

"物体营销是另一形式的助推，"麦克补充道，"它让人们积极主动地做一些他们本不会做的事，这就是我们前面谈到过的助推策略的定义。"

"要不我们也用一个物体去吸引文斯·瓦波尔？"我问道，我猜麦克会这么想。

"正是如此，我已经想到了一个物体，它可以让文斯·瓦波尔难以抗拒。"

"它是什么？"布鲁问道。

"很快，"麦克说道，"很快一切都会揭晓。"

"我想我们还有更多的龙虾之道要学。"拉姆说道。

"还有几个，下次我们将讨论上游、下游的概念。在佛教寺院静修的 15 年里，我经常思考它。"

"毫无疑问，这又将是一个精彩的龙虾之道。"我说道。

第十七章

上游、下游

"逗人发笑是我们的工作，"全球喜剧公司笑声音迹（The Laugh Track）的经理泰伊·蒂克勒（Tye Tickler）说道，"我们拍摄了数十部情景喜剧，经营着一系列虚拟喜剧俱乐部，并成功举办了 SOLNET 喜剧节。"

"你是如何踏上喜剧这个行业的？"布鲁问道。

"我们最初是一家笑声音效公司，制作你在情景喜剧中听到的笑声音效。之后我们脱离出来组建了喜剧俱乐部。我们的单口相声在 SOLNET 上全天候演出。"

"那你遇到了什么问题呢？"奥拉问道，"听起来挺不错呀。"

"这不是我们的理想状态，"泰伊说道，"我们的增长已经趋于稳定。如今喜剧已经成为商品。市场上成立了数百家喜剧公司，同时人工智能的幽默程度也超乎了我们的想象。"

"人工智能幽默是什么？"拉姆认真地问道。

"谁会想到计算机也有幽默细胞？结果显示，人工智能算法学起喜剧来比人类更快更好。一个名为'虫眼'的人工智能研究了过去 100 年的每一个喜剧节目和单口相声。他用 30 分钟就学完了，然后讲出了令人捧腹的笑话和段子。'虫眼'是目前 SOLNET 上最受追捧的喜剧演员。他不会花费主人一分钱，但我们必须支付喜剧演员工资。他正逐步将我们淘汰。"

"接下来你有何打算？"我问道。

"没有，"泰伊说道，他看起来一点儿也不快乐，"我担心我们的喜剧业务会一蹶不振，所以想请你们给我一个好的创意。"

"这让我想到一个故事。"麦克说道。

"别开玩笑，"奥拉讽刺地笑道，"你又要讲什么故事？"

"这个故事就是'上游、下游'。我是从一个名为唐纳德·阿德尔（Donald Ardell）的人那里听说的，他正在谈医生、药物和疾病的替代品。但我立刻明白它对营销和业务也有用。"

"从前，有一个叫作'下游'的小镇，湍急的河水从小镇里穿流而过。我且把这条河称为'现金河'，因为我的帐篷边也有一条这样的河。"

"有时可以看到溺水者顺着河漂流到镇上。镇上的居民淳朴善良，富有爱心，他们会齐心协力把人从河里救起来。有时能救活，但通常已经淹死了。"

"一天天过去，漂来的溺水者也越来越多。为了应对这一情况，下游镇的居民组成了一个全天候的救援小组，他们昼夜不停地救援。他们还修建了更大的医院来救治还活着的人，挖了更大的墓地来埋葬淹死的人。"

"下游镇的居民对他们取得的成就引以为傲。随着溺水者的数量不断增加，他们加倍努力去拯救这些溺水者。下游镇的居民被授予英勇奖章，有的人为了救人献出了自己的生命，下游镇为他们竖立雕像。"

"自然而然地，一些下游镇的居民会想，为什么河里竟有这么多溺水者，但大多数下游镇的人对上游发生的事情几乎不感兴趣。他们的自豪感、价值感和营生都与救援行动息息相关。说实话，他们并不想阻止溺水者漂来。"

"哇，真有这样的故事吗？"泰伊说，"太真实了。"

"怎么会这样？"奥拉问道。

"仔细想想，**多数人都在下游行业工作。他们宁愿处理问题也不愿解决问题。**"

"这就是故事让人心酸的部分，"布鲁补充道，"当我们以处理问题为生时，根除它并不符合我们的最大利益。"

"这就是为什么人类始终无法消除糖尿病，"奥拉说道，"整个行业都致力于治疗糖尿病，而很少有人去阻止糖尿病的出现。"

"这是一个有关上游和下游窘境的典型案例，"麦克说道，"它也适用于气候变化。由于越来越多的人能从清理气候变化留下的烂摊子中赚到钱，从源头消除这个问题的动力就越来越小。"

"'复兴'的灾后重建公司正逆流而上，提供他们的'生存'服务。"布鲁说道。

"不全对，"麦克说道，"虽然他们逆流而上，但还不够。真正的上游业务，是努力解决气候变化和范艾伦辐射带的转移问题。"

"这仅靠一家公司是无法完成的。"奥拉说道。

"是的，但他们可以通过宣传游说来解决问题。我已经建议瑞秋这样做，她正在考虑中。"

"那么如何将上游、下游概念运用于我们的业务中呢？"泰伊问道，"我搞不明白如何将它应用到喜剧行业。"

"可以用它来扩展你的思维，"麦克说道，"**首先要承认你**

们的业务处于下游，然后再努力向上游发展。"

"嗯，是不是这样，首先假设我们的业务处在下游，"泰伊说，"我猜是笑声相当于把人从水里捞出来。溺水者正顺着悲伤之河漂流而下，而我们以讲笑话的方式去拯救他们。"

"泰伊，这个比喻好。"麦克钦佩地说。

"喜剧有利于激发大脑的创造性，"泰伊说，"它可以帮助你横向思考。现在我们该怎么办？"

"你说过，客户因伤心而使用你们的服务，对吗？"

"当然，因为伤心、焦虑、害怕、无聊。"

"好。现在不要仅仅思考如何逗乐他们——这点你已经知道怎么做了——我们想想他们为什么会感到悲伤，这就是向上游发展。让我们解决核心问题——悲伤，而不仅是用笑声来治愈它。"

"我明白你的意思了。"泰伊说道，"如果我们帮助他们治愈内心的悲伤，就可以为其提供新的服务。"

"所以问题是：他们为什么悲伤？为什么如今有这么多人悲伤？"

"我曾对此做过研究。"泰伊说着，在他的全息屏幕上打开了一些文件，"研究表明，自 SOLNET 问世以来，人们的悲伤程度增加了 300%，抑郁症患者增加了 140%，自杀率增长了 80%。"

"这些数据听起来很吓人，"奥拉说道，"我们怎么没听说过这些数据？我能猜到，是文斯·瓦波尔把它们压了下来。"

"没错，"泰伊说道，"但不能把所有的责任都归咎于文斯·瓦波尔，SOLNET 上的每家公司都在阻止这些事实泄露出去。"

"那是因为他们都是下游公司。"布鲁说道，"就像文斯·瓦波尔一样，他们不希望人们停止使用 SOLNET。每个人都是掩盖事实的同谋。"

"这是下游经济面临的最大问题之一，"麦克沮丧地说，"很多人都深陷其中，成为同谋。尽管他们是好人，但做了错误的营生。"

"什么是错误的营生？"奥拉问道。

"是一种不能真正帮助别人的营生，还会以某种方式给人们造成伤害。"

"真糟。"布鲁说道。

"是的，为了证明我们所做的事情是正当的，我们经常自诩是道德的。但在我们的内心深处，我们其实知道自己从事的是错误的营生。"

"我不这么认为，"泰伊说道，"我认为我们从事的是好事，能让人们开怀大笑。"

"这当然没问题，但你可以做得更多，你可以试着从源头结束他们的悲伤。"

"我们该怎么做？"

"让我们谈谈为什么自从 SOLNET 出现后人们变得更加悲伤了，是什么引发了这种忧郁？"

"研究也提到了这一点，"泰伊说道，"研究人员得出结论：虚拟现实让人感到孤独。尽管人们能通过虚拟影像与他人交往，但在 SOLNET 上他们仍感到孤独。花在上面的时间越多，就越感到孤独。"

"这种孤独让他们悲伤，"奥拉说道，"我能理解这一点。"

"你是说我们应该让人们远离 SOLNET 吗？"泰伊问道，"但这同样会毁掉我的生意。我们所有的工作都在 SOLNET 上开展。"

"那是你的下游业务，泰伊，"麦克说道，"**上游有更多机会。**"

"为什么？"

"因为你的竞争对手也在下游，他们会一直停留在下游。

他们没有逆流而上解决问题的意识，他们更愿意继续从河里打捞溺水者。"

"好吧，那我们在上游要做什么？如何解决悲伤问题？"

"主意倒是有，"布鲁说道，"你为什么不将人们聚在现实世界里一起开怀大笑呢？"

"现实世界吗？"泰伊说道。

"是的，现实世界。人们在 SOLNET 上孤独又悲伤，所以我们需要让他们来现实世界逛一逛。"

随着讨论不断推进，佩波也变得越来越活跃。佩波通过它的聪明智慧感知到一个创意正在绽放，它的红色短毛都竖起来了。

在接下来的两个小时里，泰伊和创意行动小分队包装出一项名为"欢乐俱乐部"的新服务，这是一种在现实世界的喜剧形式。它鼓励人们退出 SOLNET，聚在一起，比试他们谁笑的时间最长，笑声最大。

"在印度的瓦拉纳西时，"麦克回忆道，"我每天早上去恒河洗澡，都能看到河边有一群妇女在笑，足足能笑 30 分钟。"

"这真是开启一天的好方法。"泰伊说道。

"笑具有传染性，"麦克说道，"她们传染得我也笑起来了，她们是我见过的最快乐的人。"

欢乐俱乐部是一次巨大成功，但泰伊承认，一开始他犹豫不决，"我担心这个点子会让我之前的生意付诸东流，但在这之前，我们已经遭遇到竞争对手的强劲打击。不过，正如麦克所说，他们从未想过与我在上游竞争。他们沉迷于将溺水者捞出水面，而不想弄清楚溺水者漂下来的原因。"

"我们如何将这个概念用到文斯·瓦波尔身上呢？"奥拉之后在圆顶帐篷里询问麦克。

"文斯·瓦波尔是下游镇的镇长，"他回答说，"漂到下游的溺水者越多，对他越有利。我们可以让他来上游工作，或许可以改变他。"

"你认为这可能吗？"

"这是一个长远设想，但我们可以怀揣着希望。"

"麦克，我一直在想一个问题。"奥拉说道。

"什么问题？"

"为什么这个平台叫 SOLNET？"

"它的全称叫模拟开放景观网络（Simulated Open Landscape Network），但我有另一种解释，它是一张捕获灵魂的网[1]。"

---

[1] "SOLNET"与"soul（灵魂）+net（网）"相似。——编者注

"你相信有灵魂吗？"

"这我不太不确定，但我认为 SOLNET 已经把每个人都拉进了它的网中，我们必须把人们拉出来，他们已经被道奇·瓦波尔的主算法绑架了。"

"主算法是什么？"

"就是用于塑造你的 SOLNET 体验的分类软件。它能决定你喜欢什么、讨厌什么，然后源源不断提供你喜欢的东西。"

"那问题出在哪里？"

"因为生活不仅在于得到你喜欢的东西，生活给你的东西有好的也有坏的。经历坏事时，我们的生活反而最充实。它塑造了我们的性格，培养了同情心和洞察力。但使用 SOLNET 时，你屏蔽了不好的东西，得到的总是你想要的东西。"

"这对我来说很不错，"奥拉带着向往的眼神说道，"生活的意义难道不在于得到想要的东西吗？"

"不，生活的意义在于充分体验生活。而不是道奇·瓦波尔和他的程序员炮制的一些扭曲的生活拟像。"

"所以你才会如此坚决地要打倒文斯·瓦波尔和 SOLNET。"

"我们差不多准备好开始我们的计划了，只剩一个道理要学：特洛伊木马。"

　　"我迫不及待地想听了，"奥拉说道，"我一直很喜欢特洛伊木马的故事。"

　　"谁知道他肚子里装的什么。"我打趣道。

第十八章

特洛伊木马

我们坐在麦克帐篷外的现金河边，麦克告诉我们，打破销售壁垒是个十分棘手的问题。他说，当你接近潜在客户时，他们可以躲在语音邮件、电子邮件等技术的背后，尤其 SOLNET 这样的大盾牌，能过滤掉不请自来的推销信息。

"太讽刺了，"他继续说，"技术本应让联系客户变得更加简单，但同时也为人们提供有力的工具来阻挡销售人员。这是营销行业不愿提及的上游问题。"

"如何才能打破销售壁垒呢？"奥拉问道，"我们需要更前沿的技术吗？"

"那行不通，"麦克说道，"这就好比一场竞赛，新的销售技术总是被新的销售屏蔽技术所打败。"

"那怎么办？"拉姆问道，"我向来偏爱技术，毕竟我自己就是科技的成果。你还有别的策略吗？"

"我们需要采用特洛伊木马（The Trojan Horse）策略，它将为我们提供打破销售壁垒的方法。"

"快为我们讲讲特洛伊木马的故事吧。"奥拉说道。

"它是一个希腊神话，"麦克说道，"特洛伊战争时期，希腊人包围了铜墙铁壁的特洛伊城。但无论他们采取什么办法，都无法攻入这座城。最后，他们决定动脑筋，而非一味依靠蛮力。"

"我听过这个故事，"布鲁说道，"他们后来造了一匹木马。"

"对，他们打造了一匹庞大的木马，将其放在城门外，随后离开这里，前往附近的岛屿。"

"后来呢？"奥拉问道。

"特洛伊人将木马推进城内，他们毫无戒备。包括奥德修斯（Odysseus）在内的希腊精锐部队藏于马腹之中，当晚，趁特洛伊人熟睡之际，他们破马而出，开启城门，让静静归来的希腊军队进入城内。希腊军队一进入，立刻劫掠了特洛伊城，赢得了战争的胜利。"

"这主意太棒了，"拉姆说道，"你们人类有时特别聪明，我想即使人工智能也想不出这样的策略。"

"我们怎么用特洛伊木马来打破推销壁垒呢？"布鲁问道，"我们也需要为潜在客户送些东西吗？"

"这是一种办法，"麦克解释道，"我们多次介绍**免费价值策略**。比如，你可以从你的巧克力盒里拿一块送给潜在客户，但有时你需要付出更多。"

"为什么？"奥拉问道。

"潜在客户经常说，他们已经拥有了类似的产品，或正在使用竞争对手的产品。有时是真的，有时只是为了摆脱你。"

"这种情况确实很难反驳，"我说道，"你可以坚持说你的产品和服务更好，他们可以瞧一瞧，但这样做几乎没有效果。你越用力推销，他们就越用力反抗。"

"没错，所以我们要说点别的来消除反对意见，"麦克说道，"这就是特洛伊木马。"

"那是什么？"布鲁越发沮丧地问。

"你可以说：没问题，你可以继续使用现有的产品或服务。"

"但这样做的意义是什么呢？"布鲁说道，"难道我们就不卖了？"

"不，这就是特洛伊木马的用武之地。接下来我们可以说，我们的高级产品或服务会将一切都提高到更高水平。你可以同时使用我们的产品或服务并保留现有的产品和服务。

我们非常乐意你这样做，这样才能显示出我们产品或服务的高级之处。它超越了你现有的产品和服务，能带给你更好的使用体验。"

"我不太明白。"布鲁承认。

"它确实有点儿绕，"麦克说道，"尤其是当你忙于推销产品时，你倾向于采用直接的方法。你想说服潜在客户相信你们的产品更好，但这就像希腊人试图用攻城槌摧毁特洛伊城墙一样。"

"所以我们要聪明点儿，说点儿不一样的。"奥拉睿智地说道。

"没错，"麦克高兴地说道，"比尔的故事很好地证明了特洛伊木马的力量，有关福利公司的那个。"

"那是一次很棒的经历，"我激动地说，"我接到了一家大型福利公司的电话，他们正想聘请一家营销机构。他们计划举行一场全天会议，让6家竞争公司的主要管理人员展示自己的能力，我也是其中一位。"

"我知道，得到这份工作的概率最多只有六分之一，所以我必须脱颖而出。我告诉我的潜在客户，我不做演讲，我会举办免费的工作坊活动。我还说，他们可以在雇用我的同时继续雇用另外5家公司中的某一家。我告诉他们，我的项目是一种十分先进的服务，远远超越其他公司提供的服务。"

"他们说了什么？"奥拉问道。

"他们喜欢我的想法，我请求他们先和其他 5 家公司谈，最后，我会举办 2 个小时的工作坊活动。我明白潜在客户总是对他们最后遇到的那家公司印象最深。"

"接下来发生了什么事？"拉姆问道。

"他们在我的工作坊中收获满满，比从其他几家公司的演讲中获得的价值要高得多。我一定给他们留下了深刻印象。"

"此外，我提醒他们，他们可以先雇用我，然后与其他公司合作。我特别强调，我不会与其他公司竞争，并且很荣幸能与他们合作。"

"所以他们聘请了我们公司和另外一家公司。他们先听取我们的创意。令我高兴的是，那一家公司也被邀请参加。你可以想象他们其实一点儿也不乐意，因为他们想做主导，但现在是我在把控战略方向。他们坐在那里，怒气冲冲，不知所措，将其视为奇耻大辱，拒绝参与互动。"

"当然，他们越是闷闷不乐，就越是中了我的圈套。客户看到我提供的价值远高于这家公司（他们根本不愿意参与）。让我高兴的是，在第二次会议之后，客户告诉我，他们打算让另一家公司出局，希望我们从头到尾负责整个项目。"

"特洛伊木马！"麦克大喊道，拍手称赞，"效果很不错。"

"我从未听说过有人采取这种方法，"布鲁说道，"但它行得通。"

"特洛伊木马之所以有效，是因为你占据了制高点，"麦克解释道，"**你告诉潜在客户，他们不必放弃他们已经拥有的东西。你愿意与你的竞争对手成为朋友，愿意与他们合作。**"

"但你正试图取代他们，不是吗？"奥拉问道。

"不全是。如果他们想保持与现有供应商的合作，你也要有心理准备。这个没有问题，你无论如何都会为你的高级产品或服务得到报酬。但我们的研究显示，90%的情况下，客户最终会选择你提供的基本产品和服务。"

"为什么？"布鲁问道。

"通常，客户说他们有了某某产品只是为了摆脱你，他们根本不想跟你谈。但是当他们把特洛伊木马放进来之后，他们就倾向选择你的产品或服务。尤其是当你能展示更多价值的时候，特洛伊木马总是为你提供大显身手的机会。"

第二天，当我们与工业水泵供应商"吸洪X（Siphon-X）"的总裁里普（Rip）交流时，麦克的特洛伊木马策略派上了用场。

"我们的销售团队总是碰壁，"里普抱怨道，"我们的多数潜在客户都不愿意与我们见面。他们说他们已经有了别的水泵供应商，如果他们需要什么，就会打电话给我们。这就是我们的销售渠道枯竭的原因。"

"我们为里普制订了一个绝妙的策略，"麦克热情洋溢地说道，"它就是特洛伊木马策略。"

里普很喜欢特洛伊木马策略。他很惊讶自己竟然从没想到这一点，但他承认这是因为他与竞争对手发生了一场小冲突。

"以前，我压根儿没想过**与我的竞争对手合作**，"里普承认，"但现在我们可以**灵活变通，不再执着于击败对手**。"

里普包装了一个围绕流体工艺工程科学构建的高级项目。他说："我们不但卖水泵，我们更是工程师。只专注于水泵是大材小用。现在，我们为客户提供两种选择：基础业务是水泵，高级业务是流体工艺工程。"

"最重要的是，"里普补充道，"我们告诉潜在客户，他们可以继续使用现有的水泵，我们不会取代它们。当然，他们也可以使用我们的水泵，或者单独使用我们的高级服务。"

"这听起来很简单，"里普继续说道，"以前我们的旧思想始终想要竞争，但现在情况不同了，我们有了更大的战略。它消除了很多压力，让我们对自己充满信心。我们现在感觉自己是专家，而不是销售人员。我们可以吸引更多的潜在客户，获得更多的业务，还打开了新的开源渠道。"

这个结局已经很不错了，但实际上，里普的发展比这还要好。从狭隘的竞争中解放出来后，里普的团队不断创新。次年，他们推出了一个在线购买平台"流动"（FLOW）。"流动"能提供市面上的每款水泵和辅助产品。它成为包括里普公司在内的世界各地流体工艺工程师的门户。

"使用特洛伊木马策略，"里普告诉我们，"我们不仅遇到了更多的潜在客户，还释放出我们业务中潜在的全部创造力和价值。"

回到帐篷，麦克给我们讲了一些令人愉快的好消息。"我们将开启计划，推翻文斯·瓦波尔，将世界从 SOLNET 和可怕的道德控制芯片中拯救出来。"

"万岁！"奥拉喊道，"那计划是什么呢？"

"一切都将始于明晚开始的亿万富翁舞会，我租了一件燕尾服，已经做好与文斯·瓦波尔会面的准备了。"

"要是我们也能去那里就好了。"我说道。

"我会佩戴增强现实版隐形眼镜，你们能够看到和听到发生的一切。"

我那天晚上没有睡好，梦到了跳舞的龙虾和飞翔的企鹅。梦中，我骑着一匹木马，闯入一个充满亿万富翁的地堡，但忘记了开锁的密码。我透过一扇模糊的小窗户，看到文斯·瓦波尔和麦克正厮打在一起，吓得我一身冷汗，猛然惊醒。我不知道接下来会发生什么，一阵恐惧缠绕在我心间。

战斗的号角已经吹响了。

第十九章

亿万富翁舞会

常言说，骄者必败。经过几个月的准备，我们对于击败文斯·瓦波尔稳操胜券。毋庸置疑，我们必定取得胜利。

但人们也常说：世事难料。

这晚，纽约市皓月当空，麦克租用的豪华轿车在雅努斯酒店（Janus Hotel）停了下来，这里即将举办今年的亿万富翁舞会。

"信号怎么样？"麦克说道，"我的增强现实版隐形眼镜没问题吧？"

"声音很大，画面也很清晰。"布鲁一边回答一边调试着显示器上的视频，"我们都在帐篷里，感受着你的一举一动。"

"好的，我准备入场了。"

麦克大步走上红地毯，加入银发贵宾队列，排队等候安检。机器人扫描了每位受邀者的视网膜，并将其与邀请名单进行匹配。

"希望我的隐形眼镜不会妨碍视网膜扫描，"麦克轻声对我们说，"疏忽了。"

"应该没事，"拉姆回答，"如今，世界上有很多人都戴着隐形眼镜。"

麦克顺利通过了安检，轻快地穿过检查口，走向宽敞的螺旋楼梯，来到雅努斯舞厅（Janus Ballroom），聚会正如火如荼地进行着。1200 名宾客中大多数已经到场，包括 500 多名亿万富翁、花言巧语的政客、耀眼的电影明星、固执己见的媒体人士、阿谀奉承的政府官员、守口如瓶的监管人员和热情好客的说客。

"他是清洁业巨头克拉拉·帕伊尔（Clara Pail），还有对冲基金的继承人吉莉·卡森（Jilly Carson），"奥拉兴奋地说，"快看，还有威利·普兰特（Wiley Plant）总统和鲍比·胡克（Bobby Hook）副总统，他们看起来很自在。"

"他们都来了，"麦克一边在人群中穿梭，一边说道，"全球的顶尖人士都会聚在这里。"

"文斯·瓦波尔正朝你走来。"奥拉惊恐地说道。

"好戏开始了。"麦克低声回答道。

"我不敢相信是你，"文斯·瓦波尔说道，伸手握住麦克的手，"我们多久没见了？有 10 年了吧？"

"都快超过 15 年了。"麦克说道，淡定地看着他的敌人。

"自从掌控世界以来，时间过得真快。"文斯·瓦波尔眉飞色舞地说道。

"文斯，你一定很忙。"

"这一切都得益于你，麦克，如果你没有教会我龙虾之道，现在我还在内布拉斯加州卖化肥。"

"我一直都对你的崛起充满兴趣，"麦克说道，"你现在可谓是登峰造极。"

"谢谢你，麦克，这都离不开你的鼎力相助。你最近在忙什么呢？"

"我们推出了一项新的培训服务，叫作'人气提升计划'。"

"那是什么？"文斯·瓦波尔兴致勃勃地问道。

"它可以使你的人气增长三倍。"

"怎么做？"

"用'爱的遗产方法'（The Loving Legacy Approach）。"

"愿闻其详。"

"这是一个循序渐进的过程，可以帮助你留下一份遗产，这样每个人，我是说每个人，都会对你充满爱意和感激之情，牢牢地记住你。"

"哇，太不可思议了。"

"是的，它还可以帮助你缩小权力人气差距（The Power Popularity Gap）。"

"什么是权力人气差距？"

"我们与数十位亿万富翁合作过，通过合作我们了解到，尽管他们享有巨大的成功和权力，但他们却没有获得应有的人气。令人沮丧的是，很多人甚至憎恨他们。"

文斯·瓦波尔用呼吸器深吸了几口气，直勾勾地盯着麦克的眼睛。然后他说："麦克，这听起来很有趣，或许我们可以聚一聚，好好谈谈这个事情。"

根据我们编好的脚本，麦克说道："第一阶段，我们免费开设人气增长课程。"

"真不错。"文斯·瓦波尔说道。

"我还有东西要给你，文斯。"

"什么东西？"

麦克从口袋里掏出一个小盒子，在文斯·瓦波尔面前打开。

"这不会是我想的那个东西吧？"文斯·瓦波尔睁大眼睛说道。

"是的，这就是你最早的那颗银色弹珠，你用它赢得了所有弹珠。15 年前，你把它忘在我们办公室了。我们把它串在一条金项链上，放在这个小盒子里。"

"太不可思议了。"文斯·瓦波尔眼含热泪。

"我为你戴上吧，"麦克温柔地说道，"今后你再也不会失去它了。"

"麦克，怎么感谢你好呢。"文斯·瓦波尔说道，"这个弹珠对我来说非常珍贵。"

"不客气，文斯。"麦克说道。

"舞会结束后去瓦波尔总部吧。我想马上开始体验你的课程，收到这么好礼物，这是我理应做的。"

"好，一言为定。"

"舞会结束时见。"文斯·瓦波尔说完转身快步离开，弹珠项链在他颈间晃动。

"好简单。"奥拉说道。

"太简单了吧，"布鲁补充道，"我不相信那个家伙。"

"布鲁说得很对，"麦克说道，"潜在客户这么迫不及待，你必须保持警惕。他们可能会变成黄灯。"

"黄灯是什么意思？"拉姆问道。

"潜在客户分为三种：绿灯、黄灯、红灯。绿灯最好，

他们表现十分积极，不会抵制，甚至乐意购买你的产品。红灯极力抵制，他们会抛出一连串的反对意见，绝对不会买任何东西，所以不要与他们纠缠。红灯极少能变成绿灯。"

"黄灯呢？黄灯是什么？"奥拉问道。

"黄灯其实是最麻烦的。从表面上看，他们似乎是绿灯，反应很积极。他们告诉你，对你的产品很感兴趣，但想先与你进一步谈谈。他们通常只是想向你请教，或者说服你他们最终不需要你的产品或服务。黄灯就是从不变绿，只会变红。"

"原来如此，你刚刚要说什么？"奥拉问道。

"一定要小心黄灯，他们会占用你大量的时间。我曾花了好几个月时间去追逐黄灯，却徒劳无功。"

"那你打算如何处理黄灯？"布鲁问道。

"开门见山，告诉他们你的产品和服务的价格，询问他们是否有能力支付。让他们回答'是'或'不是'。你还可以让他们做些事情，例如填写表格或调查问卷。如果他们是黄灯，就不会做这些事。"

"但如果他们是绿灯怎么办，我们难道不会失去这些潜在客户吗？"奥拉问道。

"不会的，如果他们真是绿灯，就会迫不及待地跳过障碍，直接达成交易。如果不是这样，你就不必浪费几个月时间去追逐他们。"

"这个建议很不错，"布鲁说道，"所以你认为文斯·瓦波尔是黄灯？"

"他有点儿太热心、太和蔼了，"麦克说道，"但他确实邀请我舞会后去瓦波尔总部。也好，这将使我们有机会进入他的大本营。"

"但我们应该对所有诱惑都保持警惕，"麦克补充道，"某些东西来得太容易时，我们往往需要保持警惕，事情可能不会像表面那样简单。"

麦克的话让再次让我们产生恐惧，我们焦急地等待着亿万富翁舞会的结束。借助麦克的眼睛，我们窥探了亿万富翁阶层的盛情狂欢。其中最特别的是最后那首名为《伙伴情深》(*The Consort Cordial*)的华尔兹。

当雅努斯酒店的钟楼敲响午夜钟声时，文斯·瓦波尔呼吁亿万富翁们手挽手，跳起来。他们身着华丽服饰，整齐地旋转着，令人眼花缭乱。很快，急不可耐的政客们也加入进来，身形灵活的媒体人也迈开了轻快的脚步，古板的官僚和严厉的监管人员都跟着跳了起来。每个人都扭动着身体，旋转着欢快起舞。他们的动作整齐划一，看起来很亲切，但让人不禁后背发凉。

"整齐得就像他们一起上了好几年的舞蹈课。"奥拉说道，这时，《伙伴情深》在一阵自鸣得意的掌声中结束了。

"是的，文斯·瓦波尔就像是舞蹈教练。"麦克酸溜溜地补充道。

几分钟后，舞会落幕，麦克坐在文斯·瓦波尔的直升机上，飞往位于内华达州（Nevada）沙漠的瓦波尔总部。

"我迫不及待想听听你们的人气提升计划，"文斯·瓦波尔急切地说，"提阿娜和道奇也很想知道。"

看着帐篷里大屏幕上显示的这一幕，我想我们已经深陷进去了。在我身边，佩波不安地在地板上转圈，它感觉到主人有危险，但是什么危险，大家都不知道。

第二十章

事件视界

直升机缓缓降落在文斯·瓦波尔的镀金金字塔顶上。然后他迅速陪同麦克走下陡峭的楼梯，前往他的豪华顶层公寓。

"非常欢迎你来我家做客。"文斯·瓦波尔招呼麦克坐在一个黑色沙发上，"正如我在舞会上说的，我的成功得益于你的龙虾之道。"

"你的沙发不错，"麦克说道，试图改变话题，"你也在这里办公吗？"

"我的居家办公室很简朴，"文斯·瓦波尔咧嘴笑道，"全部加起来还不到 5000 平方米。"

这时，道奇·瓦波尔和两个身材魁梧的保安走进了房间。麦克在道奇 10 岁时就认识他了。他心想，文斯·瓦波尔的儿子和他一样散发着贪婪的气息。滚烫的汗珠从他的脸上滴下来，他身上散发着一种潮湿的机油和不新鲜啤酒的气味。这对父子真是一对可怕的组合。

麦克打了一个寒战。

"道奇，和麦克握握手吧，"文斯和蔼地说，"你也知道，麦克的想法对我们的成功发挥了巨大的作用。"

"先生，很荣幸认识你。"道奇说道，紧握住麦克的手。"我听说过很多关于你的事。"

"麦克有一项叫作'人气提升计划'的新服务，"文斯·瓦波尔告诉他的儿子，"道奇，我想你也会很感兴趣。"

"当然，人气非常重要，"道奇说道，"这是瓦波尔成功的法则之一，名誉就是财富。"

和我们预先写好的脚本一样，麦克告诉了他们这个计划将如何让文斯·瓦波尔更受欢迎，怎样用世人的赞美来补足他的成功和权力。从我们在帐篷里的角度看，文斯·瓦波尔和他的儿子非常喜欢这个想法。

但文斯·瓦波尔突然说道："麦克，这个想法很棒，但我想与你谈谈事件视界。"

"事件视界是什么？"麦克问道，他很不喜欢这个新话题。

"就是你越过了一个无法返回的点。"

"无法返回？"

"打个比方，我知道你很爱用比喻。当宇宙飞船靠近黑洞时，会跨越一条线，科学家称之为事件视界。跨过这条线，宇宙飞船就会被吸入黑洞里，无法挣脱，旋转坠落，最终被黑洞吞噬。"

"这和我们的新计划有什么关系？"麦克问道。

"没有任何关系。麦克，实际上我们知道你想干什么。你和你那可怜的创意团队想阻止我们在 SOLNET 母体上安装道德控制芯片。你们编造了这个关于'人气提升计划'的故事来欺骗我们。"

"不是这样的。"麦克没有底气地说道。

"别伪装了，麦克，"道奇说道，露出他尖利的牙齿，"自从你从缅甸回来后，我们一直关注着你的一举一动，以及你说的每一句话。"

"你怎么做到的？"麦克问道。

"我们突破了拉姆的防火墙，我们一直通过它的眼睛监视你的活动，用它的耳朵听你说话。"

帐篷里，我们都目瞪口呆地看着拉姆。它看上去很迷惑，也很古怪。它的状态灯一阵乱闪。

"立即启动紧急自我屏蔽。"它说完后陷入了沉默。

"我们还知道你的同伙现在正看着你，"道奇补充道，"不过没有关系，让他们看看与我们作对的人的下场。"

"麦克，你已经跨越了事件视界，"文斯·瓦波尔活动着粗糙的双手说道，"你无法逃脱或阻止我们的计划。"

"文斯，别这样做，"麦克说道，"我是死是活无所谓，但你千万别安装道德控制芯片。"

"你太天真了，麦克，"文斯·瓦波尔野蛮地说道，"你认为人是善良的，但他们却不是这样。他们贪婪可恶，只要你给他们机会，他们就会不择手段地谋取私利。"

"不是这样的。"麦克说道，注视着两个慢慢靠近他的保安。

"就是这样的，"文斯·瓦波尔继续说道，"SOLNET 设计之初，我们就知道人们无法抗拒它。它的算法能提供人们喜欢的东西和愉快的体验。很快，人们就沉溺于自己的欲望，渴望获得更愉快的体验。没过多久，他们就开始厌恶处处是麻烦的现实世界，想把所有的时间都花在 SOLNET 上。"

"我知道你其实是个好人，文斯，"麦克说道，"我仍然记得我在内布拉斯加州遇到的那个人，他是那么乐于助人、满怀爱心。"

"那都是失败者的标志。"文斯·瓦波尔愤怒地说，"安装好道德控制芯片后，我们将释放人类的潜能。想象这样一个世界吧，在那里你可以完全不顾他人，无止境地追求自己的利益。这个世界完全围绕着你运转，在那里你能得到自己想要的一切。"

"简直就是噩梦。"麦克说道。

"是天堂！"道奇反驳道，指着保安，"抓住他。"

"麦克，你看，我们已经势不可当，"文斯·瓦波尔说道，"当人们第一次登录 SOLNET 时，他们已经不知不觉地跨越了事件视界。他们当时没有意识到，但现在再也回不去了，SOLNET 的黑洞已将他们牢牢抓住。"

"带他去弹珠房间。"文斯·瓦波尔大声命令保安。

"弹珠房间是什么？"麦克问道。

"迎接你命运的地方，麦克。"

"我的命运？"

"没错，就是你的命运。"文斯·瓦波尔疲倦地从呼吸器里深吸一口气，斩钉截铁地说。

第二十一章

弹珠房间

"欢迎来到我最喜欢的房间,"文斯·瓦波尔说道,"整个房间是用黑色的大理石做的,墙壁、地板、天花板,都是黑色的。"

麦克被绑在一个钢椅上,抬头只能看到一盏白色的顶灯,一圈耀眼的光环照在文斯·瓦波尔肥大的脸上。

"你要折磨我吗,文斯?"麦克问道。

"怎么会呢,"文斯·瓦波尔愉快地说,"在你离开这个世界之前,我们聊聊营销吧。"

"你想聊营销?"

"对,我想告诉你,自从你15年前失踪后我学到了什么。"

"你学到了错误的道理,"麦克不屑地说,"尽管你学到了龙虾之道,但却曲解了它们。"

"拜托,麦克,别和我假惺惺地说废话。你以为你是圣人，但你并不比我们好多少。你只是想赚钱，为了赚钱你可以不择手段。"

"你对我有误解。"

"是吗，那么你怎么解释《如何卖龙虾》中的排队策略呢？你在空无一人的餐厅前找了一群人排队来吸引顾客，你欺骗了公众。"

"我们这样做是为了拯救一家即将倒闭的餐馆，"麦克说道，"如果我们没有采用这种策略，数十人会失去工作，餐馆老板会破产。排队只是助推，仅此而已。"

"但你愚弄了人们。"

"我们玩了一个小游戏让顾客进入餐厅。只要他们进来，他们就会品尝到美味的食物，体验到优质的服务。最终大家都是赢家。"

"就算是吧。那龙虾销售大赛呢？"文斯·瓦波尔往麦克的脸上吐了一口痰，"那就是个骗局。根本没有什么'特色菜'，整件事情都是你编造的。"

"所有的'特色菜'都是创造出来的，文斯。这就是创造性的魅力所在，能够寻找新的方式来推销你的产品。使用'特色菜'这个词是为了让人们看到我们产品的真正价值。顾客们吃得很开心，餐厅也赚了钱。这也是双赢。"

"那你在杂志上编造假广告的那次呢？那也是一个骗局。你的杂志上没有人登广告，但你刊登了假广告来欺骗客户。"

"它们都是助推，文斯。它们打破了阻碍人们成功的僵局。它们对你也有帮助。"

"我知道，它们的效果很好。但我的观点是：营销没有制高点，一切都是为了操纵人心和赚钱。不要误会我的意思，我对此没有异议。但我反对像你一样将营销看成一件光荣的事情。"

"这就是你误解的地方，文斯，"麦克说道，"营销本无好坏之分，关键在于你如何运用它。你可以用龙虾之道来养活世界，也可以用它们向恐怖分子出售武器。这完全取决于你的意图。你是想做好事还是做坏事？这才是最重要的衡量标准。"

"一派胡言，一切都是为了赚钱。我爱钱，我不知疲倦地赚钱。说什么让世界变得更美好，谁在乎这样的废话？事实上，如果每个人都追求自己的利益，最终每个人都会受益。"

"毫无疑问，人类的动机是自身利益，"麦克镇定自若地继续说道，"但什么才是对他们有利的呢？我认为帮助他人才是我们的首要目的，同时也是实现我们自身利益的最佳方式。这是开明的利己主义。"

"这只是你的一厢情愿，"文斯·瓦波尔说道，"人们只会关心自己，不会关心他人。"

"但你关心你的孩子，不是吗？道奇和提阿娜？"

"别把我的孩子扯进去，"文斯·瓦波尔举起拳头说道，"你太过分了。"

"冷静下来，文斯。我只是说每个人都会关心某个人或某件事。营销时，我们要记住我们所关心、珍爱和看重的东西。"

"别再说教了行吗？"文斯·瓦波尔说着，放下手臂。

"你听说过'世界之轴（Axis Mundi）'吗？"麦克问道，"它的意思是世界的中心。在某些宗教中，世界之轴代表天地之间的联系，或是我们的高价值与低价值的交汇点。"

"什么意思？"

"要想做营销、做生意、过好生活，你必须找到这两个领域之间的平衡，即我们的高级本性和低级本性之间的平衡。我们每个人内心都有善与恶。处理这两种截然不同本性的方式决定了我们的命运。"

"我的命运是掌控世界，"文斯·瓦波尔坚定地说，"一旦我们安装了道德控制芯片，我的目标就会实现。"

"贪婪和仇恨会自食其果，文斯。你对权力的痴迷让我想起了两只狼的故事。"

"又来了。"

"听我讲。一位祖父和他 5 岁的孙子正在讨论。祖父说他体内有两只狼在打架：一只狼善良、富有同情心、慷慨大方；另一只狼贪婪、可恶、残忍。孙子问：'爷爷，哪只狼会赢？'老人回答：'我喂的那只。'"

"这跟我有什么关系？"文斯·瓦波尔说道，"我的内心可没有狼在打架。"

"我们每个人内心都有两只狼，文斯。而且我知道你内心深处是个好人。但在过去的 15 年里，你一直在喂这只贪婪可恶的狼。最终，它会毁了你。"

"够了，麦克。唯一重要的是赢。而在这场比赛中，你是输家，我是赢家。"

"文斯，你想做什么？你想让我告诉你更多的营销秘密吗？"

"不，麦克，我想让你去死。"

文斯·瓦波尔转身离去，关上了沉重的大理石门。房间变得异常安静，然后……

叮叮咚咚……一颗银色的弹珠从天花板上的小洞里掉出来，在房间里弹来弹去。

叮叮咚咚……又一颗弹珠，一颗接一颗。几分钟后，地板上铺上了三英寸厚的弹珠。

叮叮咚咚……弹珠下落的速度越来越快。潮水般的弹珠涌上来，渐渐淹没了麦克的脚、下半身、胸部、脖子和下巴。

麦克想挣断绳子，但无济于事，只能眼睁睁地看着房间里的银色弹珠越来越多。

叮叮咚咚……

叮叮咚咚……